MBAPPÉ

LE PETIT PRINCE

Luca Caioli & Cyril Collot

MBAPPÉ

LE PETIT PRINCE

MARABOUT

Sommaire

1
Allée des Lilas

À l'annonce de la visite, il s'est soigneusement préparé. Il a griffonné un petit mot à l'encre bleue. Malgré son impatience, sa grand-mère lui demande d'attendre ; il pourra réciter son texte plus tard. Pour l'instant, ce n'est pas le moment : les grands-parents et les invités discutent en prenant le café. Lui contemple le cahier qu'il a posé sur la table du petit salon, où trône une imposante télévision. Il écoute, intervenant ponctuellement dans la conversation. Puis, enfin, il reçoit le feu vert, recommandations incluses : « Lis fort et articule bien ! »

« Bonjour tout le monde,

Kylian, c'est le meilleur. C'est le héros de Bondy. Tout le monde l'adore. C'est un modèle pour tous les enfants qui jouent au football. Il est très fort. Wilfried et Fayza ont bien éduqué leurs enfants. Ethan suivra le chemin de son frère Kylian. »

Idrisse a 9 ans, il va à l'école, joue au football en U10 et résume en quelques mots ce que tout le monde pense de Kylian dans sa ville, de Madame le maire aux jeunes garçons qui, à quelques centaines de mètres, s'entraînent sur le terrain du stade Léo-Lagrange.

Idrisse est le petit-fils d'Elmire et de Pierrot Ricles, un couple originaire de Martinique et installé en France depuis la fin des années 1970. Ils habitent au premier étage d'un immeuble blanc, au 4, allée des Lilas, une HLM de cinq étages construite dans les années 1950, située en centre-ville, dans une paisible allée bordée d'arbres – un quartier que chacun appelle pompeusement « Cité des fleurs » en raison du nom des rues. C'est ici qu'au cours de l'automne 1998 s'est installée la famille Mbappé. En montant les premières marches, on trouve sur le palier leur boîte aux lettres portant l'inscription : « Lamari-Mbappé Lottin, 2e gauche. »

« Ils se sont installés juste au-dessus de chez nous, informe Elmire, dans un appartement identique au nôtre : 56 mètres carrés, salon, cuisine avec vue sur le stade Léo-Lagrange, deux chambres à coucher. Je me souviens que, quand ils sont arrivés, Fayza était sur le point d'accoucher, elle attendait Kylian. »

Fayza a alors 24 ans. Algérienne d'origine, elle a grandi à Bondy nord, dans le quartier de Terre-Saint-Blaise. Elle a fréquenté le collège Jean-Zay et le gymnase juste en face de chez elle. À 12 ans, elle pratique le basket, avant de choisir le handball, et d'occuper le poste d'ailier droit au sein de l'Association sportive de Bondy, en division 1.

« Elle est partie de tout en bas et est devenue, à la fin des années 1990, l'une des meilleures joueuses de handball de Bondy. Fayza avait du charisme, c'était une “leadeuse”, l’une des meneuses de l’équipe, hyperdouée, hyperdure », raconte un ami de la famille.

« Sur le terrain, c’était une battante mais aussi une sanguine. Il ne fallait pas trop la chatouiller et, avec les adversaires, ce n’était pas toujours très amical. On se souvenait d’avoir croisé Fayza. Mais, en dehors du terrain, raconte dans une interview accordée au *Parisien* Jean-Louis Kimmoun, ancien dirigeant puis président du club. Fayza était et reste une personne très attachante. »

« Et aussi une grande gueule. Elle faisait des blagues tout le temps. J’ai travaillé avec elle trois ou quatre ans comme animateur les mercredis et pendant les vacances scolaires, dans les maisons de quartier Maurice Petitjean et Blanqui. C’est là que Wilfried, lui aussi animateur, avec son petit frère Pierre et Alain Mboma, grand frère de Patrick Mboma, Ballon d’or africain 2000, a rencontré Fayza. Ce sont deux grands sportifs, deux grands chambreurs, ils étaient faits pour s’attirer », explique un ami du couple.

Lorsqu’il s’installe allée des Lilas avec Fayza, Wilfried a 30 ans. Né à Douala, au Cameroun, il a rejoint l’Hexagone en quête d’une vie meilleure. Après avoir vécu à Bobigny, il a emménagé à Bondy nord où il a poursuivi sa carrière de footballeur.

« C’était un bon joueur, un numéro 10, un milieu de terrain qui aimait bien garder le ballon. Il aurait pu faire carrière. Wilfried a tout appris au club, puis il a joué deux ans en division d’honneur, dans le club d’à côté [Bobigny]. Après avoir arrêté, il est revenu chez nous. On lui a proposé un poste et il s'est consacré aux jeunes du club comme éducateur, puis comme directeur sportif », explique le directeur technique de l'AS Bondy, Jean-François Suner, que tous surnomment « Fanfan ». On a travaillé ensemble à partir de la saison 1988-1989, pendant près de trente ans et on a restructuré le club. Il est parti en juin 2017. »

20 décembre 1998. Il s'est écoulé cinq mois et des poussières depuis le célèbre « Et un, et deux et trois zéro ! ». Depuis les deux coups de tête de Zinédine Zidane et le coup de grâce au Brésil porté par Emmanuel Petit. Le souvenir de ce dimanche 12 juillet et du délire collectif demeure intact ! Comment oublier un million et demi de personnes en liesse, ivres de joie, sur les Champs-Élysées ? Ou encore le cri de la foule : « Zizou, président ! » Comment oublier l'un des sommets de l'histoire du sport français ?

C'est au cours de cette année de consécration que Fayza et Wilfried reçoivent leur plus beau cadeau : leur premier fils. Né le 20 décembre, il sera baptisé Kylian, Sanmi (abréviation d'Adesanmi qui, en yoruba, une langue d'Afrique occidentale signifie « la couronne me va bien »), Mbappé-Lottin. Mbappé, un nom de famille qui donnera lieu à mille et une suppositions : Kylian serait le petit-fils de Samuel Mbappé Léppé, surnommé « le Maréchal », milieu de terrain camerounais des années 1950 et 1960. On prétend également que Kylian serait apparenté à Étienne M'Bappé, bassiste né à Douala. Non, il n'a rien à voir avec ces deux hommes ; simplement, comme l'expliquait il y a quelque temps Pierre Mbappé, au Cameroun, Mbappé est un nom de famille répandu, au même titre que Dupont en France. Pierre, l'oncle, joueur formé au club du stade de l'Est aux Pavillons-sous-Bois, se précipite à l'hôpital pour rencontrer le nouveau-né à qui il offrira... un petit ballon de football.

« Vous verrez, on en fera un grand footballeur », prédit-il en plaisantant à Fayza et à Wilfried, son frère.

Quelques jours après la naissance, la maman et son bébé rentrent à la maison. Fayza reprendra son travail à la mairie de Bobigny ; Wilfried, quant à lui, n'a qu'à traverser la rue pour rejoindre le stade Léo-Lagrange afin d'y entraîner ses jeunes protégés. Parmi eux, un garçon attire particulièrement son attention : originaire de Kinshasa, alors capitale du Zaïre – avant que le pays ne devienne la République démocratique du Congo –, il est arrivé à Bondy il y a cinq ans. La situation étant compliquée dans son pays, ses parents ont décidé de l'envoyer en France pour lui permettre d'entreprendre des études et de se construire un avenir. Ce garçon s'appelle Jirès Kembo-Ekoko, fils de l'avant-centre Jean Kembo, dit « Monsieur But ». Avec l'équipe nationale zaïroise, Jean Kembo participe aux deux sacres continentaux, lors des Coupes d'Afrique des nations de 1968 et 1974. En marquant deux buts contre le Maroc en 1973, il permet pour la première fois à un pays d'Afrique noire de participer à une phase finale de la Coupe du monde lors du rendez-vous en Allemagne en 1974. Jean prénomme son fils Jirès en hommage à Alain Giresse, le milieu de terrain français qu'il admirait tant. Il envoie par la suite son garçon vivre chez son oncle et sa sœur aînée. En 1999, Jirès

Kembo-Ekoko signera sa première licence de football à l'AS Bondy. Wilfried sera son premier entraîneur et deviendra également bientôt son premier tuteur légal et son père : « C'est une chose difficile à s'expliquer, mais c'est comme si cette personne m'avait été destinée depuis toujours », confiera Jirès des années après.

Les Lamari-Mbappé Lottin l'accueillent chez eux ; ils ne l'adoptent pas mais lui les appellera toujours « Papa » et « Maman ». Ils lui prodiguent de l'affection, l'aide à s'extraire d'une situation sociale difficile et lui permettent de réaliser son rêve, celui de devenir footballeur professionnel. Jirès emménagera allée des Lilas, où il deviendra le grand frère, le modèle, la première idole footballistique de Kylian. Les voisins se souviennent de lui quand il quittait l'INF de Clairefontaine pour revenir le week-end, ou quand Fayza et Wilfried l'accompagnaient à un match important : « Ils forment une famille extrêmement soudée, ce sont des gens sympathiques et simples », fait remarquer Pierrot. « Wilfried, on ne le voyait pas beaucoup à cause de son travail. Fayza, en revanche, on la croisait souvent dans les magasins du quartier. Kylian, on l'a vu grandir. Quand il a commencé à marcher, il s'est mis à taper dans un ballon juste au-dessus de la chambre de mes deux filles. Le dimanche matin, je crois qu'il transformait le salon en terrain de football, confie Elmire amusée. Quand je la rencontrais, Fayza n'en finissait pas de se confondre en excuses : “Ce n'est pas grave, je lui disais, c'est un enfant, on ne peut quand même pas l'attacher.” Et puis, on voyait que l'idée de devenir footballeur professionnel lui trottait déjà dans la tête. »

Dans un autre éclat de rire, la grand-mère évoque l'époque où, pour un anniversaire ou un Noël, ils avaient offert au môme du dessus un djembé : « Il ne s'arrêtait plus... et, il en a fallu, du temps, avant qu'il oublie son nouveau joujou. Mais, à part le ballon et le djembé, Kylian était un enfant très gentil, très poli : il disait toujours "bonjour", "bonsoir", quand il me rencontrait. Non, nous, on n'a pas pu assister à son évolution parce que, quelques années après la naissance d'Ethan, le petit dernier de la famille, ils se sont installés dans un quartier pavillonnaire dans le sud de la ville, de l'autre côté de la gare, vers les Coquetiers. On l'a revu en mai de l'année dernière, quand il est revenu ici, au stade, pour fêter son titre de champion de France. Il y avait tous les gamins de l'AS Bondy et une banderole qui disait : "Merci Kylian, tous les Bondynois sont avec toi." C'était vraiment sympa, Kylian a offert des maillots aux garçons et Idrisse a réussi à prendre une photo avec lui. »

« Heureusement que Fayza nous a vus et qu'elle a crié : "Attendez, attendez ! Y'a ma voisine, là-bas !" Alors, je suis monté dans la camionnette et j'ai pu faire une photo avec Kylian, que conserve ma maman », explique le petit-fils.

« Pour l'occasion, nous, les quatre familles installées ici, avec Daniel et Claudine Desramé, nos voisins du premier étage, nous avons écrit une lettre », précise Elmire.La grand-mère se lève de table, se dirige vers un coin du salon, ouvre un tiroir, passe en revue un tas de papiers et finit par s'exclamer : « La voilà ! »

« Cher Kylian,

On espère que le tutoiement que nous employons ne va pas te choquer, mais nous avons gardé de toi le souvenir d'un petit garçon âgé de 10 ans très bien élevé, que nous croisions dans l'escalier du 4, allée des Lilas. Aujourd'hui, tu es devenu la grande star du football et tu brilles sur les terrains, nous suivons avec joie la belle et fulgurante réussite de ton parcours sportif. Nous parlons souvent de toi et de tes parents que nous avons appréciés et qui t'ont donné une très belle éducation. Sache que chaque fois que tu chausses tes crampons, tes voisins sont tes premiers supporters.

Très amicalement.

Bonne continuation. »

2

La ville des possibles

Impossible de ne pas la voir. Quand on passe sur le pont de l'autoroute A3, direction Paris, on ne peut pas la rater : une énorme fresque réalisée sur quatre étages, sur le côté de la résidence des Potagers, un bâtiment qui en compte huit. Une explosion de vert, de feuilles, de ballons qui jaillissent de toutes parts, tels des diamants. Au milieu se présente Kylian Mbappé, l'air sérieux et adressant un salut de surfeur. Alors qu'il apparaît vêtu d'un maillot du Paris Saint-Germain, on peut lire ceci au-dessus de sa tête : « Bondy, ville des possibles. » De toute sa hauteur, l'énorme composition domine l'autoroute sur laquelle se répandent véhicules et embouteillages. Kylian semble observer, sur l'avenue du Général-Gallieni (anciennement RN3), l'effervescence qui entoure les enseignes commerciales, de Conforama à Darty. Du regard, il accompagne les jeunes filles qui traversent la route, puis franchissent les portes du lycée Madeleine-Vionnet et les groupes d'adolescents qui rejoignent le collège Jean-Renoir. Cet hommage monumental à Mbappé représente un véritable honneur que l'on réserve d'habitude à des joueurs comme Zinédine Zidane.

Dans la même veine, en souvenir de sa prestation lors de la Coupe du monde 1998, un portrait grandeur nature de Zinédine Zidane a été érigé sur la place Paul-Ricard à Marseille, le regard tourné vers la Méditerranée. À l'instar de Diego Armando Maradona, immortalisé par le portrait de Jorit Agoch qui orne la façade d'une tour de San Giovanni à Teduccio, à Naples. Ou encore comme l'affiche géante de Moussa Sissoko sur la façade de Galion à Aulnay-sous-Bois.

La réalisation de l'imposant panneau à l'effigie du numéro 29 du PSG a été financée par Nike, sponsor du jeune avant-centre depuis ses 13 ans. La marque américaine a également investi dans la construction d'un city stade, inauguré le 6 septembre 2017, dans le jardin Pasteur, où Kylian a fait ses premiers dribbles et marqué ses premiers buts. Ces aménagements urbains ont été réalisés sur l'initiative de la famille Mbappé, en hommage à la ville qui a vu naître l'étoile montante du football.

Commune française située dans la banlieue nord-est de Paris, à huit kilomètres de la porte de Pantin, en Seine-Saint-Denis, Bondy est la neuvième plus grande ville du département ; une commune cosmopolite de presque 54 000 habitants ; un noyau urbain coupé en deux – les quartiers nord et le centre-ville – par l'avenue Gallieni et l'autopont, sans compter une troisième fracture opérée par le canal de l'Ourcq.

Au début du XXe siècle, au sud de Bondy, se développe la zone pavillonnaire, où fleurissent maisons et manoirs en pierre meulière, typiques de la région parisienne. Au nord, les paysans continuent à cultiver les champs de légumes mais, avec l'avènement du nouveau siècle, tout change : l'industrie automobile est en plein essor, les ouvriers migrent du côté des usines et Bondy, comme d'autres communes de Seine-Saint-Denis, devient ce que les Anglais appellent une « working class city » (ville ouvrière). Une réalité populaire, à tel point qu'aucun maire de droite n'a été élu depuis 1919. Les premiers élus – à part Henri Varagnat, maire et membre du PCF de 1935 à 1939 – sont toujours issus des rangs du PS. Sylvine Thomassin ne fait pas exception. Sage-femme au CHU Jean Verdi, elle a pendant des années été chargée des politiques éducatives et de rénovation urbaine, pour ensuite devenir maire en octobre 2011, succédant ainsi à Gilbert Roger, élu sénateur. C'est à elle qu'incombe la tâche de penser le passé proche, le présent et l'avenir de la ville.

« À partir des années 1950-1960, avec l'arrivée des rapatriés d'Algérie, des immigrés d'Afrique du Nord, d'Afrique subsaharienne et du Portugal, pour faire face à la crise du logement et au démantèlement des bidonvilles, se construisent de nouveaux quartiers et de grands ensembles d'habitation. Bondy passe ainsi de 22 411 habitants en 1954 à 51 653 en 1968. C'est la première grande vague migratoire, explique Sylvine Thomassin. Elle sera suivie d'une deuxième vague, entre 1980 et 1990, constituée de migrants d'Afrique noire : du Zaïre, du Cameroun, du Congo et d'Angola. Les cités permettent à des milliers de familles d'avoir accès à l'hygiène, à l'eau potable et à l'éclairage électrique – en un mot, au confort moderne. La hausse brutale du chômage entre 1970 et 1980 a endommagé le fonctionnement des cités. Aujourd'hui, nous ne voulons plus que de nouvelles cités soient construites. C'est une réalité que nous essayons de changer grâce au projet de rénovation urbaine (PRU) lancé en 2006. »

Bondy : une ville en construction ou, plutôt, en reconstruction. Une opération d'aménagement est menée et modifie en profondeur le tissu urbain, les services, les espaces verts, les infrastructures et la politique d'habitat. Il suffit de se rendre sur la nouvelle place, qui fait face à l'hôtel de ville, pour s'en rendre compte : immeubles bas bordés d'arbres, façades aux couleurs variées, commerces mis en avant. Cette action ne se limite par ailleurs pas au centre-ville, mais concerne cinq zones – les quartiers nord compris – considérées comme les plus problématiques.

« Nous voulons changer le visage de la ville, créer un lieu, un espace ouvert où l'on a envie d'habiter, de vivre ensemble », ajoute Madame le maire.

Ce n'est pas le seul projet d'envergure : la rénovation urbaine passe également par un nouveau modèle économique et un profond renouvellement du tissu productif avec, par exemple, le premier incubateur d'entreprises, Bond'innov, né en 2011 : « En somme, souligne Sylvine Thomassin, nous essayons de construire une ville solide et solidaire, capable de s'inscrire dans la dynamique du Grand Paris. »

D'accord, mais quel est le rapport avec « Bondy, la ville des possibles » et l'image de Kylian Mbappé ? « "La ville des possibles" est un slogan lancé bien avant l'ascension phénoménale de Kylian. Cette formule n'est pas issue du milieu du sport, mais plutôt de l'éducation et de la culture, deux thèmes qui, progressivement, deviennent l'ADN de Bondy, explique l'élue socialiste. En premier lieu, il y a la Maîtrise de Radio France, qui a été l'une des rares institutions, après les émeutes de 2005, à s'interroger sur les actions à mener pour les banlieues. Elle a donc décidé d'ouvrir, il y a onze ans, un deuxième site ici, afin de permettre aux enfants de découvrir la musique, de s'y initier et de la pratiquer à haut niveau. Depuis 2005, le Bondy Blog, connu de tous, raconte la France de la diversité. Autres exemples, l'antenne de l'École supérieure de journalisme de Lille, le café philo, l'université populaire Averroès… Le pourcentage de réussite au bac frôle les 87 % dans une ville qui, compte tenu des catégories socio-professionnelles, n'aurait pas dépassé les 73 % aux yeux de l'Éducation nationale. Aujourd'hui, grâce au volontariat des professeurs et aux conventions d'éducation prioritaire avec des institutions telles que Sciences Po ou l'institut Curie, les élèves ne se dirigent plus vers un BTS tout au plus, mais savent que la réussite est possible, même pour eux ; en banlieue, on peut y arriver comme ailleurs, comme dans les meilleurs lycées parisiens. »

Kylian Mbappé est-il la preuve vivante de cette réussite ? « Oui, affirme la maire. Kylian, c'est la fierté de la ville. Il y a l'immense fierté d'avoir donné à la métropole du Grand Paris et à la France entière un talent et un jeune magnifique qui a su me faire aimer le football, à moi qui préfère le rugby. Un garçon qui n'a pas oublié Bondy. C'est l'ambassadeur du territoire, la preuve incarnée d'une ville des possibles. »

« Lui, c'est la tête de gondole, ajoute Oswald Binazon, responsable des installations du stade de Bondy. Mais nous avons beaucoup de sportifs qui, dans les domaines du handball, du rugby, de l'escrime, du judo et du football, sont arrivés au sommet. Nous avons eu également des équipes comme l'AS Bondy masculine de basket qui, en 1998, a remporté le titre de champion en Nationale 1 tandis que l'équipe féminine de handball a évolué en D1. Si Bondy est une ville extrêmement sportive, c'est également grâce à la volonté politique de faire pratiquer le sport aux enfants. L'ancien maire Claude Fuzier a créé, en 1978, l'Association sportive de Bondy, qui compte désormais 26 disciplines et 3 700 membres. L'AS Bondy intervient dans les écoles pour initier les jeunes à la pratique du sport ; dans les cours des établissements scolaires, il y a des terrains de handball et de basket. En ville, nous avons un complexe dédié au tennis, deux piscines, cinq gymnases, cinq city stades, dont celui inauguré par Nike au jardin Pasteur. Le cœur du sport bondynois ? Il se trouve ici, au sein du complexe sportif Léo-Lagrange. »

3

Ouh là là ! Ouh là là !

À 18 heures, toutes les crêpes ont été englouties. Comme chaque mercredi, jour d'entraînement, et chaque samedi, à l'occasion des matchs, Karima en a préparé une centaine. Il n'en reste pas une miette. Inconsolables, les champions en herbe, affamés et gourmands, doivent regagner les terrains du stade Léo-Lagrange sans assiette fumante ni moustaches en chocolat. Ils peuvent s'acheter une boisson ou quelques bonbons, mais ce n'est pas la même chose. Athmane Airouche sourit tout en sirotant, sur le côté de la buvette, un café préparé par Karima. Du café, ils en ont à revendre ! Athmane salue les garçons qui, avant d'entrer dans les vestiaires, passent lui dire bonjour et lui serrer la main. Puis il va jeter un coup d'œil au travail de l'éducateur des U11.

Depuis juin 2017, Airouche est le président de l'AS Bondy ; avant cela, il était joueur et éducateur au sein de la catégorie U19, c'était l'« âge rebelle », avoue-t-il. Face au mur couvert de graffitis qui ornent le nom du club, il débite des chiffres et des faits : « Nous avons 800 inscrits, allant des débutants aux seniors. Nous comptons 140 féminines, soit presque le double par rapport à la dernière saison. L'effet Kylian ? Il s'est effectivement fait sentir ; malheureusement, nous avons dû refuser beaucoup de jeunes car nous n'avons ni les structures ni la capacité de les accueillir. Ici, il y a deux terrains de football – l'un en pelouse synthétique, l'autre en gazon naturel –, une halle couverte de futsal et, à l'autre bout de la ville, le terrain du stade Robert-Gazzi. Nous sommes un club formateur, nous savons travailler avec les jeunes enfants comme les ados : telle est notre mission. Non, nous n'avons jamais envisagé de nous lancer d'autres objectifs, même si nous avons formé plus de 30 jeunes devenus des professionnels. L'an dernier, quatre de nos joueurs se sont retrouvés au PSG, à Bordeaux et à Monaco. Notre club est une structure familiale à vocation sociale. Nous ne sélectionnons pas les enfants en fonction de leur technique ou de leurs aptitudes ; nous les acceptons parce que nous voulons qu'ils fassent du sport, qu'ils jouent et qu'ils s'amusent. Nous ne faisons pas de différences entre les enfants de Bondy nord et de Bondy sud, entre ceux qui viennent de familles de la classe moyenne ou issues des couches populaires. Dès l'instant où ils franchissent les portes du stade, pour nous, ce sont tous des joueurs en herbe dont nous suivons également le parcours scolaire en rencontrant leurs professeurs et leur famille. Nous essayons de transmettre à nos jeunes des valeurs telles que l'éducation, le respect des autres et des règles, le travail sérieux et bien fait. De plus, nous insistons sur l'importance des études, car tous ne peuvent pas devenir des champions du ballon rond. Il est dommage que, parfois, les parents leur mettent la pression : ce sont eux qui sont obsédés par l'idée d'avoir un fils footballeur. Justement, l'autre jour, j'ai eu une longue discussion avec un père. À la fin, je lui ai demandé : "Mais, vous ne seriez pas content si votre fils devenait un brillant avocat ?" »

Kylian Mbappé ? « Nous parlons souvent de lui car, dans la vie d'un club comme le nôtre, on ne reverra pas un joueur ayant ses qualités avant 30 ou 40 ans. Nous le citons comme modèle à nos jeunes pour l'attitude exemplaire qu'il a sur le terrain et en dehors. Ils sont tous fiers de Kylian, ici ! Pourquoi ? Parce qu'il est né dans ce club et qu'il y est resté pendant neuf ans. »

Karima interrompt le président : quelqu'un le cherche. Après s'être absenté quelques minutes, le voilà prêt à reprendre le fil de son récit : « Il habitait là, dit Airouche en désignant de la main les bâtiments blancs de l'allée des Lilas, derrière les murs du stade. Il était ici tous les jours, toujours à côté de son père, responsable technique des catégories allant des U11 à U17. Kylian, c'était le petit chouchou du club. On le voyait entrer dans les vestiaires, un ballon à la main, se mettre dans un coin, en silence, pour écouter ce que disait l'entraîneur avant le match. C'est l'enfant qui a assisté au plus grand nombre de causeries au monde. Je crois qu'ils ne sont pas nombreux, les jeunes joueurs, à avoir entendu autant de discussions techniques et tactiques, sermons et remontrances compris. Qui plus est, Kylian a toujours été une éponge, quelqu'un qui apprend vite : depuis tout petit, il a assimilé des notions de football que d'autres ont entendues et comprises des années après. »

À 3 ou 4 ans, le petit favori ne laisse aucun répit à son père, car il tient absolument à ce qu'il l'inscrive à l'AS Bondy. Kylian veut jouer avec les grands, mais Wilfried estime que c'est encore trop tôt et craint, en tant qu'éducateur, de manquer de recul pour l'entraîner. Le futur petit génie du football français doit alors se contenter de taper dans le ballon avec les enfants de son âge, sur le petit terrain jouxtant l'école maternelle Pasteur où l'amène Fayza tous les matins. Quelquefois, il ose même impressionner les grands là où travaille son père : « J'entraînais les gardiens, car je suis un ancien goal ; Wilfried faisait du spécifique attaquant et on rassemblait les U17, U19 et seniors pour former un seul groupe, raconte Jean-François Suner, qui vient d'arriver au stade pour superviser les entraînements. On finissait par un travail devant le but et Kylian, qui avait 5 ans, voulait absolument participer. Il criait : "Je veux jouer ! je veux jouer !" et son père disait : "Arrête, Kylian, tu vois bien que tu ne peux pas." Au bout d'un moment, j'ai dit à son père : "Allez, arrête Wil, laisse-le jouer." Il s'est mis à faire l'exercice. Il avait 5 ans, hein, et il mettait des tartes dans le ballon ; nous, on rigolait… À l'époque, il allait nettement moins vite, mais il avait une qualité : il fouettait le ballon, c'était incroyable ! Même les gardiens n'en revenaient pas. Ils disaient : "Mais c'est qui, ce petiot ?" Et là, je me suis dit : "Ouh là là ! ouh là là !" »

Une expression que tout le monde reprendra quand, finalement, à l'âge de 6 ans, Kylian sera autorisé à s'inscrire à l'AS Bondy. Son premier entraîneur sera son père, un homme qu'Airouche définit ainsi : « Généreux, travailleur, juste. Comme Fayza, sa femme. Je ne peux pas les dissocier, car ils sont en osmose. Le bien qu'ils ont fait à leur fils, ils l'ont également fait aux jeunes d'ici. Ils n'ont jamais fait de différences. Par exemple, Fayza me disait toujours : "Quand j'achèterai une maison, je la veux avec un grand terrain, pour que les petits du club puissent venir jouer au ballon. Même maintenant qu'ils sont allés vivre à Paris, nous sommes toujours en contact. Quand je reçois de leurs nouvelles, ils me le répètent une centaine de fois : "Athmane, si tu as besoin de quoi que ce soit, sache qu'on est là." Ils sont d'une générosité rare. Et il ne faut pas oublier que, grâce à Kylian, tous les jeunes de notre club sont équipés par Nike. »

Mais quel entraîneur était Wilfried avec son fils ? « Il ne lui faisait aucun cadeau. Il n'hésitait pas à mettre Kylian plus bas que terre pour son bien et pour montrer qu'il n'y avait pas de favoritisme. Il était sévère, mais il était pareil avec les autres gamins. On sent qu'il avait un vrai rôle d'éducateur et un vrai projet dans ce club », explique le père d'un des garçons qui a joué avec Kylian. Et comment était le futur numéro 29 du PSG ? « C'était un enfant qui rêvait comme tous de devenir footballeur, ajoute Airouche. Sauf que lui avait des qualités que les joueurs de son âge n'avaient pas. »

« Il faisait des choses plus difficiles que les autres, il les faisait mieux et plus rapidement qu'eux. Et il les renouvelait à chaque match. Il était dix, vingt, cent fois supérieur à ses coéquipiers. Il était vraiment extraordinaire », répond sur un ton convaincu Antonio Riccardi, depuis onze ans à l'AS Bondy, d'abord en tant que joueur, maintenant comme responsable des U15.

L'entraînement terminé, il trouve refuge dans un petit local au sein des vestiaires, au milieu d'un va-et-vient de garçons. Riccardi se souvient de l'époque où il a commencé à entraîner Kylian : « Je le connaissais depuis qu'il était bébé parce que Wilfried, pour moi, était comme un second père : c'est lui qui m'a formé comme joueur et comme entraîneur. Je me souviens de Kylian à 4 ans, chantant *La Marseillaise*, la main sur le cœur, ou encore à 6 ou 7 ans, il disait très calmement : “Moi, je jouerai en équipe de France et je disputerai la Coupe du monde…” »

« C'est vrai, à cet âge-là, se souvient un membre de l'équipe qui a joué avec Kylian pendant des années, il n'arrêtait pas de nous répéter qu'il voulait être Ballon d'or, pro et jouer au Real. Et nous, on lui disait : “Vas-y, arrête !” »

« On ne pouvait pas faire autre chose que sourire, alors que, sérieusement, c'était une prédiction : Clairefontaine, Rennes – comme son frère Jirès Kembo – et puis l'équipe nationale, le Real Madrid. On pensait que c'était un grand rêveur », précise Riccardi.

Mais, sur le terrain, l'enfant de l'allée des Lilas démontre qu'il est bien lucide : « Moi, explique Fanfan, je l'ai eu un an lorsqu'il était surclassé en poussins, en U10. Et, à l'entraînement, on a vu tout de suite qu'il avait une facilité technique, une aisance ; ça allait très vite, on savait qu'il irait au plus haut niveau, sans pépins physiques. Chez nous, il n'a fait que quatre mois en débutants, ensuite il a toujours été surclassé avec les joueurs nés en 1997 et même en 1996. Lui qui est de fin d'année jouait pratiquement avec des adversaires qui avaient trois ans de plus que lui. » « Et il était pourtant le meilleur, ajoute Riccardi. Il faisait la différence. Il était rapide, très rapide, comme si c'était un senior de haut niveau ; il avait compris comment se démarquer. Sa plus grande qualité ? Il allait vite balle au pied. Il était naturellement doué. »

« C'est un dribbleur-né. Il fait partie des joueurs qui ont quelque chose, comme Messi, comme Neymar, comme Ousmane Dembélé. Il est mature et il ne s'est jamais mis la pression. Quand je le vois jouer en pro, je me dis : “Chez nous, c'était le même.” », confirme Suner.

« En tant qu'entraîneur, reconnaît Riccardi, on ne pouvait lui donner des conseils que sur les décisions à prendre, du style : “Tu devrais tirer plus tôt”, “tu devrais passer le ballon”, ou “tu devrais dribbler un autre adversaire”. Pour le reste, on n'avait rien à lui apprendre car, techniquement, il était exceptionnel et n'avait pas besoin qu'on lui répète les choses deux fois. Il comprenait illico ce que demandait l'entraîneur. »

À la sortie des vestiaires, il fait un froid glacial et nuit noire. De l'autre côté des terrains de jeu, on ne distingue quasiment plus les tribunes et l'inscription sur le mur d'enceinte « Plus vite, plus haut, plus fort », une devise qui pourrait être celle de Kylian.

Les projecteurs n'éclairent que les filles et les garçons qui, sur l'herbe fatiguée, tentent et retentent des séquences de jeu, des passes et des tirs au but. Bien au chaud, récits et anecdotes sur l'ancien membre de l'AS Bondy se poursuivent : « Son idole, c'était Cristiano Ronaldo : il avait tapissé les murs de sa chambre de posters du joueur portugais. Il aimait le Ronaldo de Manchester United et des premières années au Real Madrid, le numéro 7 qui faisait des merveilles sur le couloir gauche. Il aimait ses dribbles : après les avoir vus et revus à la télévision, il cherchait à les reproduire sur le terrain », raconte Riccardi.

Mais le footballeur cinq fois Ballon d'or n'est pas le seul champion qu'admire Kylian : parmi ses héros figurent également Ronaldinho et Zidane. Les amis d'enfance le taquinent encore pour la fois où il a demandé très naïvement la même coupe que Zizou au coiffeur… Et ce dernier l'a regardé comme s'il avait affaire à un fou ! Des années après, Kylian se justifiera ainsi : « Quand vous aimez un joueur, vous voulez tout faire comme lui. Et moi, à l'époque, je ne savais pas que c'était la calvitie. »

Mamadou Yaté, coordinateur technique des catégories U10 à U17, entraîne tard. Comme il a le temps, il s'arrête pour discuter avec les visiteurs : « J'avais entendu parler de Kylian grâce à son père qui était animateur dans les quartiers, intervenait dans les écoles pour faire découvrir le football aux jeunes et entraînait mes amis. J'avais entendu dire qu'il était très fort, que ce garçon avait des atouts extraordinaires mais, la première fois que je l'ai rencontré, j'ai été bluffé : c'était en 2005, j'entraînais une équipe de sa catégorie dans un club tout près d'ici, le Stade de l'Est aux Pavillons-sous-Bois. Contre l'AS Bondy, c'était un derby. À la fin de la première mi-temps, le score était de 0-0, ce qui convenait très bien. Mais ça ne s'est pas terminé comme ça : nous avons perdu, je crois, 5-1. Kylian a dû marquer trois buts. Il savait faire des choses que seuls les grands faisaient ; il voyait le jeu avant les autres et, quand il avait le ballon entre les pieds, les miens reculaient de peur de se faire dribbler et ridiculiser. »

S'il est un phénomène sur le terrain, c'est également le cas à l'école. Après la maternelle Pasteur, Kylian Mbappé fréquente l'école primaire Olympe-de-Gouges. Dans une interview accordée à *L'Équipe magazine*, Yannick Saint-André, ancien directeur de l'établissement, se souvient que tous les soirs Fayza avait rendez-vous avec lui et avec Marc, l'instituteur, pour savoir comment s'était passée la journée de son fils, comment il s'était comporté, quelles avaient été ses notes : « Kylian savait que s'il obtenait de mauvais résultats, ses parents ne laisseraient pas passer ça. De plus, il avait le don de savoir quand il devait se mettre au travail. »

Très attentifs à la scolarité et l'éducation de leur fils aîné, Fayza et Wilfried l'inscriront à des cours de tennis, de natation, de théâtre et de musique – Kylian apprendra à jouer de la flûte traversière. Par ailleurs, afin de lui éviter dérapages et mauvaises fréquentations, ses parents le mettront dans un collège privé catholique de Bondy : le groupe scolaire Assomption. Même ici, ils veillent sur lui : en 5e, c'est le seul élève à avoir – comme s'en souvient Nicole Lefèvre, sa professeure de français – une fiche de suivi ; à chaque heure, il doit la faire signer par ses professeurs qui indiquent alors par les mentions « bien », « très bien » ou « mal » son comportement pendant le cours.

Intelligent, vif, malicieux, rêveur, sympathique, hyperactif, indiscipliné, difficilement gérable : c'est ainsi que le définissent certains de ses enseignants. Le problème n'est pas le français, la géographie ou les mathématiques, ni ses résultats – souvent satisfaisants –, mais son attitude, ses bêtises.

Qui plus est, le garçon, incapable de tenir en place sur sa chaise, ne parvient pas à écouter les explications de ses professeurs et s'ennuie au bout d'un moment. La lenteur du rythme scolaire, très peu pour lui. Ou peut-être, plus simplement : « L'école n'était pas sa priorité. Kylian avait une idée, c'était devenir un footballeur pro », déclare Jean-François Suner.

« Il aimait le football, pensait au football et en parlait sans arrêt ; quand il n'était pas au stade, il jouait dans son salon ou s'installait devant sa console de jeux pour un match de FIFA. Et quand à la télévision, ils diffusaient un match, vous pouvez être sûr qu'il n'en ratait pas une miette. Par-dessus le marché, il a grandi dans une famille où tous aiment le foot : il n'y a qu'à voir son père et son oncle », explique Riccardi.

Le talent, la passion, la détermination : autant de valeurs familiales enracinées en Kylian, un savant mélange qui fait de lui le petit génie tant apprécié par les entraîneurs et les membres de son équipe : « Tout le monde était très impressionné, que ce soit les joueurs de notre équipe ou les adversaires », se souvient Théo Suner, qui a joué avec Kylian dans presque toutes les catégories de l'AS Bondy et qui est aujourd'hui gardien des U19 en division 2 départementale. « Quand il prenait le ballon, il pouvait éliminer plusieurs joueurs sur une action. Je me souviens du tournoi international U11 à Tremblay, où il avait été énorme. On avait été très loin malgré la présence de clubs comme le FC Porto ou le Feyenoord Rotterdam. Et il avait porté l'équipe durant toute la compétition. J'ai joué avec beaucoup de footballeurs passés pros et je n'ai jamais vu cela, personne ne s'est approché de son niveau. Il dribblait tout le monde. Soit il marquait, soit il faisait marquer. »

« Il était capable de marquer cinquante buts par saison en U13 et, dans les catégories inférieures, les buts, on ne les compte même plus. Il pouvait en mettre trois par match et faire deux passes décisives. Avec moi, il a toujours occupé le poste d'ailier gauche ; à droite, il y avait Jonathan Ikoné qui a été prêté par le PSG à Montpellier. Ils s'entendaient bien, ils partageaient une belle complicité, même en dehors du terrain. Kylian était le bon copain, rigolo, souriant ; avec moi, il n'a jamais eu de problèmes. Ce n'était pas le type de leader ou capitaine qui sermonne ses coéquipiers mais, sur le terrain, il devenait la locomotive d'une belle équipe. »

En effet, à Bondy, la génération 1998-1999, en plus de ces deux joueurs, compte aussi Joé Kobo – aujourd'hui à Caen – et Metehan Güclü – aujourd'hui au PSG –, mais la star, c'est Kylian.

« Je me souviens, raconte Riccardi, d'un match de championnat, on jouait pour le maintien : on menait par 2-0, mais on a encaissé un but. Un ami dit à Kylian : “Tu vas voir, ils vont égaliser, ceux-là.” Et lui de répondre : “T’inquiète. Attends et tu verras que d’ici deux minutes, je leur mets un but.” Eh bien… Kylian s’empare du ballon dans notre camp, les dribble tous, arrive devant le gardien adverse, et marque un but à la Messi. Sur le banc, avec moi, il y avait son père qui voulait le massacrer parce que Kylian ne jouait pas à son niveau. À ce moment-là, je lui ai dit : “Maintenant, au lieu de le *tuer*, tu vas le complimenter.” »

Au cours de la soirée, les souvenirs s’enchaînent en Seine-Saint-Denis. Et Jean-François Suner en évoque un autre, peut-être l’un des plus beaux, qui met en scène le gamin au maillot blanc et vert avec le numéro 10 dans le dos : « On jouait contre Bobigny, un match important. 0-0 à la mi-temps et on faisait n’importe quoi. C’est vrai que dans nos équipes, on aime bien jouer au ballon, poser le jeu et faire tourner, mais là, ce n’était pas la peine. À la mi-temps, je suis rentré dans le vestiaire, j’ai demandé au coach de me laisser dire deux trois mots. Je me suis alors adressé aux joueurs : “Écoutez, aujourd’hui, on ne va pas se prendre la tête. C’est simple : en seconde mi-temps, on donne le ballon à Kylian et point final.” On a gagné 4-0 et c’est lui qui a mis les buts. »

Une dernière question : Kylian aimait-il les crêpes au Nutella ? « Malheureusement, quand il jouait ici, la buvette n’existait pas, explique Airouche. Mais maintenant, quand il vient nous rendre visite, il peut rattraper le temps perdu. »

4
La nouvelle sensation

Quel scout[1] d'Île-de-France a réellement révélé le joueur ? Il est compliqué de l'affirmer tant ils sont nombreux à revendiquer la découverte du futur prodige. Rapidement, les recruteurs se comptent par dizaines. Les jours de match de l'AS Bondy, il y avait foule et certains semblaient même prêts à payer rien que pour voir le phénomène à l'œuvre.

Il apparaît pourtant que Reda Hammache a bien été l'un des premiers représentants de club professionnel à flasher sur Kylian. Alors âgé de 27 ans, il portait à l'époque la double casquette d'éducateur du club voisin de l'US Saint-Denis et de recruteur sur la région parisienne pour le Stade rennais. C'est cette seconde fonction qui l'amène à se rendre à Bondy en février 2009. Sur les conseils d'un entraîneur du club local, il vient assister à un match de championnat U13 au stade Robert-Gazzi – l'autre terrain de jeu de

1. Recruteur dans le milieu du football.

l'US Bondy –, une enceinte pittoresque coincée entre la gare et un quartier populaire résidentiel : « Un stade un peu folklorique », s'amuse aujourd'hui cet ancien défenseur de niveau régional qui a parcouru du chemin pour devenir, en 2017, membre de la cellule professionnelle de Lille et référent du marché français pour le club nordiste. « Ce jour-là, le terrain en stabilisé était dur comme du ciment. Cela ne m'a pas empêché de me régaler et d'apprécier les qualités de Kylian. Comme il était surclassé de deux ans, il était plus petit et plus frêle que les autres, mais il avait déjà une belle allure, une élégance naturelle. Quand il touchait le ballon, il se passait toujours quelque chose. Même s'il ne réussissait pas tout, j'ai vu d'emblée qu'il était au-dessus du lot. »

Le Stade rennais a déjà entendu parler du joueur. Sur les terrains du centre de formation, le gamin n'est pas passé inaperçu les fois où il est venu au club depuis le recrutement de son frère aîné, Jirès Kembo, en 2004. Aussi, lorsque arrivent les premiers rapports, on se réjouit de le voir en action.

En mai 2009, le jeune ailier est convoqué pour le tournoi de Gif-sur-Yvette, une petite ville de l'Essonne située à une trentaine de kilomètres au sud-ouest de la capitale. Le Stade rennais profite de cette épreuve annuelle pour tester les joueurs U12 repérés en région parisienne. Et, même si Kylian a un an de moins, il intègre cette équipe confiée à Reda Hammache : « On a terminé 7e sur 32, ce qui était un bon résultat compte tenu du peu d'automatismes de nos joueurs sur le terrain. Kylian a été très bon, sans doute le meilleur. C'était un régal de le voir jouer, même s'il avait tendance à agacer ses partenaires en gardant parfois un peu trop le ballon. »

Pour lui faire comprendre l'intérêt du jeu collectif et du travail défensif, le jeune entraîneur décide de le placer latéral droit le temps d'une rencontre : « Il n'est jamais resté à son poste. Il montait sans cesse, ne revenait pas et n'en faisait qu'à sa tête. » Pour ne pas l'humilier, et parce que Kylian est aussi décisif offensivement, Hammache le laisse évoluer sur le terrain jusqu'à la fin de la partie. Mais, dès le coup de sifflet final, il prend le joueur à part : « Je ne voulais pas le braquer, alors je lui ai d'abord énuméré tout ce qu'il avait fait de bien. Je l'ai notamment remercié de nous avoir fait gagner le match. Puis j'en suis venu aux points négatifs, au fait qu'il n'avait pas respecté les consignes données en avant-match. Je lui ai fait comprendre qu'en tant qu'éducateur, je ne pouvais pas me permettre d'aligner un joueur qui ne m'écoutait pas. Il allait donc être remplaçant lors de la prochaine rencontre. Il était forcément énervé, mais il a compris mon choix. »

La petite perle de Bondy commence le match suivant sur la touche, boude sur un coin du banc, fait la moue jusqu'à ce que son équipe obtienne un coup franc bien placé, à la limite de la surface de réparation. Son entraîneur demande immédiatement le changement : « J'ai appelé Kylian et lui ai dit : "C'est bon, tu vas rentrer. Cette fois, je veux que tu joues à un poste offensif. Éclate-toi mais, avant toute chose, tu vas me tirer ce coup franc." Il est parti en courant, a pris le temps de placer le ballon, a tiré… et il a marqué d'une superbe frappe ! Il était heureux et avait retrouvé en un instant son sourire et sa joie de vivre. Il est alors venu célébrer son but en me sautant dans les bras. De là est née notre complicité. Après cet épisode, je pouvais lui demander n'importe quoi sur un terrain, il le faisait. J'avais acquis sa confiance. »

Le courant est également passé avec les parents, qui ont apprécié la façon de manager de l'éducateur rennais : « À la fin du tournoi, ils sont venus me remercier en me disant que j'étais l'une des rares personnes à avoir compris comment fonctionnait leur fils. » Mais, malgré ces compliments et cette belle aventure à la Gif Cup, le club breton ne parviendra pas à attirer Kylian : « Il était encore très jeune et il était très compliqué pour Rennes, comme pour les autres clubs professionnels d'ailleurs, de le faire venir avant ses 15 ans au centre de formation. Je pense aussi que la présence chez nous de Jirès Kembo n'était pas forcément un avantage, car il connaissait à l'époque quelques difficultés en équipe première », explique un ancien coach du club.

À l'issue du tournoi de Gif-sur-Yvette, une vidéo assortie d'un texte flatteur a été relayée par les réseaux sociaux : « Il n'a que 10 ans, mais on le compare déjà à l'immense star de Man City. Une certaine ressemblance physique, mais surtout des gestes techniques qui rappellent étrangement Robinho. Le chemin est encore long mais beaucoup de clubs pensent déjà qu'il a certaines dispositions pour le haut niveau. À vous de juger… » écrit le youtubeur KEWJF au moment de poster sa compilation. Quatre minutes et vingt secondes mettant en scène le gamin sur fond de musique épique. Qu'il porte le maillot vert et blanc frappé du numéro 10 de Bondy, ou le rouge orné du 6 du Stade rennais, Kylian assure le spectacle devant la caméra : série de dribbles suivie d'un petit pont, subtile talonnade pour se débarrasser d'un adversaire, roulette impeccable à la Zidane ou coup franc en pleine lucarne, toute la panoplie des gestes techniques est passée en revue. En bonus, il y a même une célébration filmée en plan américain lors de laquelle il mime un surfeur, geste qu'il répétera quelques années plus tard. Évidemment, cette vidéo contribue à entretenir le buzz autour du phénomène de Seine-Saint-Denis.

Entre-temps, Reda Hammache a quitté le Stade rennais pour rejoindre le Racing Club de Lens, où il débarque lors de la saison 2009-2010 avec deux dossiers prioritaires : le milieu de terrain Jeff Reine-Adélaïde, qui rejoindra le club nordiste avant d'être récupéré par Arsenal en 2015, et son autre trouvaille, Kylian Mbappé. Mais la concurrence est devenue féroce entre les clubs prêts à accueillir le joueur : le Paris Saint-Germain, Bordeaux et Caen sont également sur les rangs pour lui faire signer un accord de non-sollicitation (ANS) qui le tiendra éloigné des autres clubs français jusqu'à la signature d'un contrat aspirant à l'âge de 15 ans.

Pour les parents, pas question de s'emballer devant cet afflux de propositions. Ils veulent prendre leur temps, échanger, réfléchir, peser le pour et le contre afin de prendre une décision apaisée et collective : « Si Fayza et Wilfried peuvent paraître à première vue ouverts et charmants, ils sont aussi très méfiants, explique un proche. Ils ne voulaient donc pas se presser et désiraient recueillir un maximum d'informations. Quoiqu'en disent certaines mauvaises langues, cela n'a jamais été une question d'argent pour eux, même s'ils avaient conscience des sommes qui étaient en jeu. Leur démarche était saine et ils ont préféré se tourner vers des structures avec de vrais référents et un projet familial, plutôt que de pencher vers des top clubs aux propositions financières beaucoup plus intéressantes. »

Le Stade Malherbe de Caen, modeste club de première division française, qui a connu son heure de gloire dans les années 1990 en goûtant à la Coupe d'Europe face aux Espagnols du Real Saragosse, a repéré Kylian en septembre 2009. « Le futur Ballon d'or », voilà comment David Lasry, l'œil du club normand en région parisienne, a présenté sa dernière trouvaille à sa direction. Évidemment, cela a aiguisé la curiosité de Laurent Glaize, le responsable du recrutement, qui a vite pris le relais sur le dossier et n'a pas été déçu du voyage à Bondy : « Lorsque je l'ai vu jouer un mois plus tard, j'ai tout de suite compris que l'on avait affaire à un phénomène. Et je peux vous dire que je n'avais jamais employé ce mot jusque-là. Avec nos moyens limités, il fallait donc faire très vite si nous voulions avoir une chance de récupérer Kylian. »

Le staff caennais noue ainsi un premier contact avec la famille. David Lasry vient à plusieurs reprises superviser le joueur et exposer à Wilfried Mbappé le savoir-faire maison : « On n'avait pas les moyens de Paris et ce n'était pas dans la politique du club "d'acheter" un gamin. Notre projet était basé sur l'humain, la vie au club, le passage en professionnel beaucoup plus facile à Caen qu'ailleurs. On savait que cela serait difficile mais on a tenté le coup. On a commencé par de petites attentions, comme un cadeau pour Noël ou un maillot pour son anniversaire, et on a fini par faire une première proposition au ras des pâquerettes. Comme on n'avait pas de retour, on s'est décidés à rappeler les parents en leur demandant s'ils avaient bien reçu notre courrier. Et vous savez ce que Wilfried nous a répondu en rigolant ? “Il doit manquer une feuille à votre proposition... Vous ne pouvez pas attirer un requin avec une canne à pêche !” Ils n'avaient pas tort, le gamin avait déjà une sacrée cote. »

Le Racing Club de Lens est également aux aguets. L'arrivée de Reda Hammache facilite la prise de contact et la famille finit par faire le déplacement dans le nord de la France, en juin 2010. Elle est accueillie par le directeur de la formation Marc Westerloppe, reconnu par ses pairs pour avoir lancé la carrière de Didier Drogba lorsqu'il officiait au Mans : « On a passé la matinée ensemble, puis Kylian a participé l'après-midi à une opposition avec nos U12 et quelques stagiaires venus comme lui à l'essai. Pendant ce match, il a été époustouflant. J'avais déjà eu l'occasion de le voir en action un mois plus tôt avec son club mais, ce jour-là, il a fait des choses que je n'avais jamais vu faire par un garçon de son âge. Son recrutement était prioritaire et je l'ai vite signalé à ma direction. »

La saison suivante, les candidats multiplient les tentatives de séduction. Le PSG propose d'emmener Kylian lors d'une tournée en Espagne, mais le joueur préfère répondre à l'invitation de Caen pour disputer le challenge Jean-Pingeon, à l'issue duquel il sera élu Meilleur joueur de la compétition. Entre septembre 2010 et juin 2011, l'AS Monaco, le FC Sochaux et les Girondins de Bordeaux – chez qui le joueur est vu à plusieurs reprises à l'occasion de stages « Cap Girondins » – prennent part aux discussions, tout comme Chelsea FC, premier grand d'Europe à se positionner. Au printemps 2011, Kylian est ainsi invité par le club londonien à passer une semaine au centre d'entraînement de Cobham. Une expérience unique qui va permettre au petit prodige de découvrir une nouvelle mentalité au sein de l'équipe entraînée par Carlo Ancelotti, de rencontrer Didier Drogba et surtout de revêtir le maillot des Blues lors d'un match amical remporté 7-0 face aux U12 de Charlton.

Mais Chelsea ne parviendra pas à rafler la mise. Le clan Mbappé ne donne pas suite : « Cela aurait été un trop grand bouleversement pour le petit et ses parents. Et puis, ils avaient déjà choisi les deux finalistes », assure un proche. Ce sera sans surprise le Racing Club de Lens et le Stade Malherbe de Caen. Le mois de mai 2011 servira à les départager.

Dans cette dernière ligne droite, les parents multiplient les rendez-vous. À Lens, ils déjeunent à de nombreuses reprises avec le président Gervais Martel et Marc Westerloppe avec qui ils ont sympathisé. Ils en font de même à Caen, où ils demandent à rencontrer l'entraîneur de l'équipe professionnelle, Franck Dumas, seul garant selon eux du projet sportif. Cette entrevue sera déterminante : « Franck Dumas est arrivé en retard, sans avoir mangé, se souvient amusé Laurent Glaize. Il a avalé un sandwich, puis demandé à ouvrir la fenêtre de la salle de réunion qui donnait sur le terrain d'entraînement pour s'allumer une cigarette. Il a ensuite envoyé son adjoint s'occuper des joueurs alors qu'on était en veille de match d'une rencontre décisive pour le maintien. Mais il avait confiance en son staff et senti l'importance du dossier. La réunion a duré près de trois heures et Franck Dumas a été génial. L'ambiance était détendue et le coach, fidèle à sa réputation, alignait les blagues et les jeux de mots. Il a conquis les parents par sa simplicité et son discours paternaliste. Il leur a expliqué qu'à Caen, le petit ne brûlerait pas les étapes, qu'on s'occuperait bien de lui et que, dès qu'il serait prêt, il le lancerait sans hésiter en professionnel, comme il l'avait fait un mois plus tôt avec le jeune M'Baye Niang qui avait 16 ans. »

Fayza, Wilfried et Kylian quittent la Normandie enchantés. Quelques semaines plus tard, le verdict du championnat de France de Ligue 1 confirme la tendance. Caen assure son maintien avec une encourageante 15ᵉ place alors que l'autre « finaliste », le Racing Club de Lens, est relégué en Ligue 2 en compagnie de l'AS Monaco et d'Arles-Avignon. Le choix s'impose comme une évidence : « Je me souviendrai toujours du moment où mon téléphone a sonné, raconte Laurent Glaize. J'étais en vacances, au bord d'une piscine, lorsque j'ai vu s'afficher le numéro de Wilfried. Il m'a dit : “Je te le dis à toi en premier : on a choisi Caen !” Après deux ans de travail acharné sur ce dossier, quelle joie immense : nous avions raflé la mise ! »

La proposition prévoit que Kylian intègre le centre de formation deux ans plus tard, en août 2013, avec un contrat aspirant stagiaire qui débouchera automatiquement sur un contrat professionnel. Caen devra également débourser une prime à la signature fixée à 120 000 ou 180 000 euros suivant le niveau de l'équipe première au moment de l'arrivée de la recrue au club. Mais pour l'heure, rien n'est signé, l'accord ne tient qu'à une parole…

5

Et le grand vainqueur est...

Thierry Henry, Nicolas Anelka, William Gallas, Blaise Matuidi ou encore Hatem Ben Arfa : tous ces internationaux français sont passés par là. D'autres joueurs, comme Anthony Martial, auraient bien aimé venir peaufiner leurs gammes dans le poumon vert du domaine de Montjoye, à une cinquantaine de kilomètres au sud-ouest de Paris, mais ils ont été recalés au concours d'entrée. L'Institut national du football, situé à Clairefontaine-en-Yvelines – appelé communément « INF Clairefontaine » –, n'est pas que le camp de base des équipes de France ; c'est aussi un lieu prisé par les jeunes footballeurs de la région parisienne. Depuis 1988, il permet aux plus chanceux et talentueux de disposer quasi gratuitement de conditions optimales pendant deux années de préformation – entre 13 et 15 ans – et de préparer l'entrée en centre de formation d'un club professionnel : « L'INF est un projet à trois dimensions : humaniste, sportif et scolaire, explique l'ancien directeur,

Gérard Prêcheur. Et si l'objectif premier des gamins est d'aller au bout de leur rêve, pas question de négliger les études et de leur cacher la vérité : la grande majorité ne passera pas. En France, seulement 80 à 90 joueurs parviennent à signer chaque année un premier contrat professionnel. »

Et Kylian dans tout ça ? En attendant de rejoindre le centre de formation du Stade Malherbe de Caen à 15 ans, il intègre l'INF Clairefontaine en août 2011. Quelques mois plus tôt, il a passé haut la main les tests de sélection et a impressionné l'auditoire : « Il a tout simplement crevé l'écran, résume Prêcheur. J'ai été séduit d'emblée par ce gamin. Avec le ballon, il réunissait justesse technique et vitesse d'exécution, ce qui très rare à cet âge, et il avait aussi ce côté nature, qui ne cherche pas à faire dans le conventionnel. Il savait ce qu'il voulait : "être footballeur professionnel", "faire partie des meilleurs", "être Ballon d'or". C'était déjà dans sa tête et il l'exprimait, c'est une force. Alors, comme ses résultats scolaires étaient satisfaisants – même si on a vite compris que ce ne serait pas son atout numéro un –, il a fait partie sans surprise des 22 joueurs retenus parmi les 2 000 candidats. Il rejoignait la structure chaque dimanche soir pour s'entraîner tous les jours à Clairefontaine, tout en bénéficiant d'une scolarité aménagée au collège Catherine de Vivonne de Rambouillet. Le vendredi soir, il repartait dans sa famille à Bondy et jouait le week-end dans son club, où il était surclassé en U15 la première année, puis en U17 la saison suivante. »

Malgré son jeune âge – à peine 13 ans lorsqu'il découvre l'INF –, Kylian prend vite la mesure de sa nouvelle vie. À l'internat de Clairefontaine, il partage au départ sa chambre avec Armand Lauriente, un autre attaquant issu du club de Sarcelles, puis s'installe, la seconde année, avec Khamis Digol-Ndozangue, un défenseur passé ensuite à l'AJ Auxerre. Très vite, entre parties de cartes de 8 américain et discussions sur le foot à bâtons rompus, sa personnalité fait fureur : « Ah oui, c'était toujours le premier à lancer des vannes et à en remettre une couche, confirme Kilian Bevis, retourné depuis chez les amateurs. On lui donnait pas mal de surnoms : il y avait notamment “El Bébé” pour son côté boudeur. »

« Kylian était un rigolo et l'un des premiers à mettre l'ambiance en se moquant des autres, notamment lors de *battles* de chant improvisées dans le bus qui nous amenait de l'école jusqu'à l'entraînement ! explique Yann Kitala, attaquant passé professionnel en 2017 à l'Olympique lyonnais. On était comme des frères. On pensait foot 24 heures sur 24. On faisait des un-contre-un dans les chambres et, quand cela ne suffisait pas, on empruntait discrètement un balcon le soir pour descendre dans le parc et disputer des cinq-contre-cinq. Comme il n'y avait pas de lumière, on s'éclairait avec nos téléphones ! »

Sur le complexe de Clairefontaine, où la vingtaine de stagiaires de la promotion 1998 s'entraîne chaque après-midi après les cours sous la direction de Jean-Claude Lafargue, Kylian découvre la concurrence : « À Bondy, c'était la star de son équipe, le meilleur de son club et de son championnat, mais, à l'INF, il se retrouvait face à des joueurs de même niveau ou même plus forts que lui », assure l'un de ses anciens partenaires.

« C'est vrai que cela n'a pas toujours été facile pour lui durant les deux années passées chez nous, poursuit Gérard Prêcheur. Dans les clubs amateurs, on ne demande pas trop à un attaquant de défendre. Là, il s'est retrouvé au milieu des meilleurs joueurs de la région parisienne. Cela l'a poussé à se surpasser pour améliorer son jeu individuel et collectif. »

Durant son passage à Clairefontaine, Kylian va devoir montrer une sacrée force de caractère car, au fil des mois, l'accord conclu à l'été 2011 avec le Stade Malherbe de Caen se révèle de plus en plus bancal. Le club normand est en grande difficulté sportive et son budget est revu à la baisse : « À l'issue de sa première année à l'INF, aucun document n'avait été encore signé. On voulait bien faire les choses, mais cela a traîné et la situation s'est finalement compliquée avec la descente en Ligue 2 de notre club à l'issue de la saison 2011-2012, raconte Laurent Glaize avec une pointe d'amertume. On a quand même continué à discuter avec la famille mais, au bout d'un moment, les dirigeants de Caen m'ont demandé de lâcher. Le président de l'époque, Jean-François Fortin, a toujours protégé ses salariés. Il avait le choix entre débourser 60 000 euros par an pour un joueur de 13 ans ou conserver un ou deux employés. Le compte était vite fait, même si son arrivée aurait été un véritable investissement pour le club. On m'a donc demandé de prévenir la famille et, au cours de la saison 2012-2013, je leur ai annoncé la décision par téléphone. À l'autre bout du fil, Fayza m'a répondu : "Et comment fait-on maintenant ? J'ai dit à tous les autres clubs que l'on signait chez vous !"

J'avoue que cela a été le moment le plus difficile de ma carrière... dire non à Kylian Mbappé ! »

Qu'importe la volte-face de Caen, le petit prodige de Seine-Saint-Denis va vite attiser les convoitises de nombreux clubs qui ont senti le vent tourner. Kylian va ainsi avoir l'opportunité de tenir une promesse faite le jour de ses 10 ans à son oncle Pierre Mbappé, quand celui-ci lui a offert une maquette du stade Santiago-Bernabéu : « Un jour, c'est moi qui vous emmènerai dans les loges du Real Madrid », avait-il lancé avec aplomb à l'assemblée réunie pour le voir souffler les bougies. À l'époque, tout le monde avait bien ri et s'était gentiment moqué de lui. Pourtant, quatre ans plus tard, le rêve fou du gamin devient réalité. Kylian aurait été repéré en novembre 2012 par un scout du Real Madrid lors d'une opposition sous le maillot blanc de l'INF Clairefontaine. C'est du moins ce qu'explique le responsable du recrutement du club espagnol à Wilfried, lorsqu'il le contacte par téléphone et invite son fils pour un stage d'une semaine à Madrid. « Cela tombait en plein dans la semaine de son anniversaire, ont raconté ses parents à la presse locale. On n'est donc pas allés en Espagne pour en savoir plus sur son potentiel, mais pour lui faire plaisir. »

Comme tout grand club, le Real Madrid a soigné la réception de la famille, accompagnée pour cette occasion des fidèles : l'oncle Pierre Mbappé et l'ami de toujours, Alain Mboma. À la sortie de l'aéroport, le 16 décembre 2012, un chauffeur attend le petit groupe pour le conduire à l'hôtel. La suite du voyage sera racontée dans les moindres détails par Kylian à l'hebdomadaire *France Football*, puis publiée dans l'édition du 19 décembre 2017 : « Le premier jour, on a eu des places pour une rencontre de Liga contre l'Espanyol Barcelone. Le lendemain matin, on est arrivés au centre de formation. M. Zidane nous a un peu fait visiter, puis j'ai participé à un premier entraînement : il n'y avait que du jeu ! J'ai aussi disputé un match. Le quatrième jour, j'ai fait un décrassage et j'ai vu les joueurs. J'ai fait des photos avec tous. »

Sur l'une d'elles, prise dans les salons du centre d'entraînement de Valdebebas, on aperçoit Kylian vêtu du survêtement du Real Madrid, bras dessus bras dessous avec son idole de toujours, Cristiano Ronaldo. Malgré le match nul deux partout concédé quelques jours plus tôt contre l'Espanyol Barcelone, le Portugais affiche sa bonne humeur avec un large sourire. À ses côtés, Kylian ne semble pas du tout intimidé, deux doigts levés en signe de victoire. Cette rencontre avec le multiple Ballon d'or restera longtemps le plus beau trophée de son séjour madrilène.

De retour en région parisienne, Kylian raconte à ses proches l'incroyable aventure qu'il vient de vivre : « Il nous a parlé de sa rencontre avec Zidane et bien sûr Ronaldo. Il nous a montré les photos mais sans se vanter, se souvient Théo Suner. Évidemment, cela nous a fait rêver, mais on a vite compris que des histoires comme celles-là étaient rares et n'arrivaient pas à tout le monde. »

La cour appuyée du Real Madrid et la présence à ses côtés de l'ancienne star française ne suffisent pas à faire tourner la tête du clan Mbappé. Comme en 2011, après le périple à Chelsea, la raison l'emporte finalement : « On reste dans le même état esprit. Même si Zinédine Zidane nous a accompagnés et qu'il nous a expliqué le projet, on reste à notre place et on garde la tête sur les épaules, rapporte dans une interview Pierre Mbappé, pas forcément impressionné de voir son neveu dragué par l'un des plus grands clubs du monde. Encore aujourd'hui, les gens me demandent pourquoi Kylian n'a pas été au Real. C'est simple : parce qu'il était très jeune à l'époque et qu'il n'y avait aucune certitude que cela marche. Les gens ne se rendent pas compte de l'immense changement que cela aurait provoqué pour un garçon de 14 ans. Il aurait fallu s'adapter à une nouvelle langue, à un nouveau club et cela aurait impliqué un changement de vie catégorique pour toute une famille. Il y a donc eu des discussions et des échanges et un choix a été fait. »

Ce choix ne sera pas favorable à la Casa Blanca. Ni celui de Manchester City, deuxième club anglais en lice après Chelsea FC. En France, les Girondins de Bordeaux se verront également renvoyés dans les cordes, tout comme le Paris Saint-Germain qui, à l'image de son emblématique recruteur en Île-de-France, Pierre Reynaud, n'a jamais vraiment abdiqué depuis les premiers contacts en 2009. Tous ces prétendants vont être coiffés au poteau par un club de deuxième division, l'AS Monaco. Au printemps 2013, le club de la principauté est en passe de retrouver l'élite du championnat de France et dispose surtout de moyens financiers colossaux depuis son rachat, un an et demi plus tôt, par le milliardaire russe Dmitri Rybolovlev. Un nouveau projet est en marche pour construire une équipe compétitive sur le plan européen, avec des joueurs de renom et de grands espoirs. Pour attirer Kylian Mbappé, l'AS Monaco compte un autre atout dans sa manche : la présence au club d'un certain… Reda Hammache. Celui qui l'avait découvert pour Rennes, puis attiré à Lens, a rejoint en cours de saison la cellule recrutement de l'ASM, pilotée par Souleymane Camara : « Dès que j'ai appris que Kylian était à nouveau sur le marché, j'ai repris contact avec sa famille en lui disant : "Vous êtes libres, je suis dans un nouveau club, donc allons-y !" Au départ, Wilfried et Fayza n'étaient pas très chauds. La distance les effrayait un peu et ils n'avaient pas eu de bons contacts avec le club quelques années plus tôt. Je leur ai expliqué que l'équipe dirigeante avait changé et j'ai fini par les convaincre de rencontrer mon responsable, Souleymane Camara, et le directeur du centre de formation, Frédéric Barilaro. Cela a collé tout de suite car ils ont su parler aux parents et leur présenter un projet cohérent avec les ambitions de Kylian. »

Le 3 juillet 2013, après quatre ans de tractations, de nombreux rebondissements et deux belles années passées à l'Institut national du football à Clairefontaine, Kylian Mbappé s'engage officiellement avec un club professionnel. L'accord scellé dans la maison familiale de Bondy, en présence de Reda Hammache et Souleymane Camara, prévoit un contrat aspirant de trois ans et une prime à la signature supérieure, selon certaines sources, à 400 000 euros : « Dans 90 % des cas et vu la complexité du dossier, on aurait dû sentir un soulagement et une joie démonstrative. Là, pas du tout. Personne n'a sauté au plafond. On a fait des photos de Kylian avec le maillot de l'AS Monaco frappé du numéro 7. Et on est passés à autre chose. Pour la famille et le gamin, ce n'était qu'une étape. »

6

L'enfer du paradis

La principauté de Monaco est coincée là, sur un bout de terre, entre la France et l'Italie. De la Moyenne Corniche, que les touristes empruntent dès les beaux jours en venant de Nice, l'horizon est sans fin. De là-haut, le spectacle est saisissant, même s'il est gâché par d'imposants immeubles en béton qui semblent signifier qu'ici le moindre espace a une valeur inestimable. Ce n'est d'ailleurs pas qu'une impression. Sur deux kilomètres carrés, la cité monégasque offre une densité unique avec ses 40 000 habitants, étrangers pour les trois quarts, et une opulence qui s'étale à tous les coins de rue. Monaco est un parc d'attractions grandeur nature où l'on peut flâner devant les vitrines des enseignes les plus prestigieuses, croiser à tout instant des bolides rutilants, pour la plupart de marques italienne et anglaise, s'amuser des badauds prostrés devant les hôtels de luxe et les casinos d'où sortent, à toute heure de la journée, des couples à l'allure extravagante. C'est un peu tout ça, Monaco…

Pas forcément la vraie vie, mais un rêve éveillé nourri par les exploits des plus grands champions : Ayrton Senna a remporté six fois le Grand Prix de Formule 1 qui fait trembler chaque année les murs de la ville, Rafael Nadal est ici comme chez lui après ses dix succès arrachés sur la terre battue de Monte-Carlo, Lionel Messi et Cristiano Ronaldo se partagent depuis 2010 le trophée de meilleur joueur UEFA décerné fin août, lors du tirage au sort de la Ligue des champions au forum Grimaldi. À l'entrée de la ville, le stade Louis-II n'est pas en reste : l'enceinte majestueuse et moderne, construite dans le quartier de Fontvieille, a été le témoin des exploits des plus grands athlètes, de Sergueï Bubka jusqu'à Usain Bolt. Ce stade de 18 000 places accueille aussi, depuis les années 1980, les rencontres de l'AS Monaco. Il a vu évoluer sous le célèbre maillot à la diagonale rouge et blanc de grands buteurs comme le Brésilien Sonny Anderson, le Libérien George Weah, l'Espagnol Fernando Morientes et les champions du monde français de 1998 Youri Djorkaeff, Thierry Henry et David Trezeguet.

Durant l'été 2013, pour son retour en Ligue 1, le club perpétue cette tradition en recrutant des attaquants d'envergure : les Colombiens Radamel Falcao et James Rodríguez sont arrachés à l'Atlético de Madrid et au FC Porto pour un montant total de 105 millions d'euros. Le Français Anthony Martial, encore mineur, est dans le même temps subtilisé à l'Olympique lyonnais pour 5 millions d'euros. Dans ce contexte, la signature de Kylian Mbappé, jeune espoir de près de 15 ans, aurait pu passer inaperçue sur le Rocher. Pas du tout et, fait rare pour un si jeune joueur, elle s'affiche dans un petit encart, début juillet, dans le magazine *France Football*. L'occasion pour la nouvelle recrue de l'ASM de dévoiler ses ambitions grâce à une devise inspirée d'une citation d'Oscar Wilde : « Mieux vaut viser la lune ; comme ça, si tu échoues, tu retombes sur un nuage. »

Lors de cette première saison au club, le phénomène de l'AS Bondy va pourtant vite regagner la terre ferme. La grande vie sera pour plus tard. Kylian est logé à la même enseigne que ses partenaires. Il prend ses quartiers sous les arcades du stade Louis-II, où une vingtaine de chambres sont mises à la disposition des jeunes recrues, marseillaises ou parisiennes pour la majorité. Chaque matin, il monte dans un minibus en direction de La Turbie, petite commune française située à une dizaine de kilomètres de la principauté, pour passer la journée au centre d'entraînement. Les premières heures sont consacrées aux études, et les cours de seconde lui sont dispensés sur place. En milieu d'après-midi, place à l'entraînement effectué sur un magnifique synthétique avec une vue plongeante sur la mer Méditerranée. C'est ici, sous les ordres de Bruno Irles, un ancien défenseur de l'AS Monaco entre 1994 et 2001, et en compagnie d'une vingtaine de joueurs des générations 1997 et 1998, qu'il découvre le niveau national U17.

« Dès les premières séances et notamment lors du stage de début de saison à Autrans, dans le massif du Vercors, j'ai perçu de belles qualités chez lui, explique Bruno Irles, qui reprend, en 2013, la catégorie après avoir assuré pendant deux ans l'intérim de Frédéric Barilaro à la tête de la direction de l'Academy. Il montrait d'emblée un potentiel offensif très intéressant dans sa percussion et son relâchement technique avec le ballon. J'ai aussi vite remarqué des carences dans le domaine défensif, un secteur où il ne s'investissait pas du tout. Mais il n'avait pas encore 15 ans et je comptais sur cette saison pour le faire progresser. Je pensais avoir du temps, c'était sa première année en championnat de France U17 et je voulais l'incorporer progressivement, comme les autres joueurs nés en 1998. »

Lors de ses débuts en championnat national U17, Kylian n'est pas souvent titulaire. Il joue même par intermittence et doit se contenter de quelques bribes de match. Il subit pour la première fois la concurrence en club, celle de joueurs plus âgés qui ont déjà une année d'expérience à ce niveau. Il doit également composer avec les choix et les remarques de son entraîneur, qui continue de pointer du doigt son manque d'investissement défensif. Le 8 septembre 2013, Bruno Irles décide d'envoyer sa jeune recrue avec la section amateurs pour renforcer l'équipe qui joue en championnat U17 de division d'honneur. Cette sentence sera source d'un premier conflit.

« Je m'étais dit que c'était une bonne idée, car cela lui permettrait d'avoir du temps de jeu et de se retrouver confronté à un football moins technique, mais plus musclé. Je me suis trompé, cela s'est très mal passé, raconte Bruno Irles qui détaille l'incident, rapport à l'appui. Il est noté que, durant ce match, il s'est permis un geste de la main à l'encontre de son entraîneur qui lui demandait de défendre. Sa réaction disait en gros : "Laisse-moi tranquille !" Et le plus surprenant, c'est que la semaine suivante, ce n'est pas lui qui a été convoqué, mais c'est moi ! Frédéric Barilaro et Souleymane Camara avaient reçu un coup de fil des parents qui ne comprenaient pas pourquoi j'avais envoyé leur fils en division d'honneur. Résultat : ils m'ont demandé de ne plus le refaire jouer à ce niveau, alors que pratiquement tous les joueurs allaient s'aguerrir en U17DH. »

« C'est vrai qu'on le lui a interdit, mais il ne faut pas oublier que Kylian avait déjà joué en U17DH la saison précédente avec Bondy. Il n'y avait donc aucun intérêt à ce qu'il redescende dans cette catégorie », confirme l'ex-responsable du recrutement de Monaco Souleymane Camara, qui s'est depuis éloigné du monde du football pour intégrer la Fédération française de ball-trap.

Même si l'entourage du joueur a obtenu gain de cause, il est très inquiet de la tournure prise par ses premiers mois à l'AS Monaco : « À Bondy, on se demandait ce qu'il se passait et on sentait que cela pouvait partir en cacahuètes, raconte l'ancien entraîneur, Fanfan Suner. Irles demandait à Kylian de défendre, mais est-ce qu'à Barcelone, on demande à Messi de le faire ? Bien sûr qu'il faut qu'il se replace, mais on ne peut pas utiliser les joueurs contre nature et demander à un attaquant de défendre comme un fou furieux. »

Wilfried Mbappé suit l'affaire de près. Il a pris une année sabbatique et laissé Fayza et Ethan dans la maison de Seine-Saint-Denis pour s'installer près du centre d'entraînement, dans un appartement de la ville voisine du Cap-d'Ail. Il ne manque quasiment aucune séance du fiston et cet éducateur chevronné n'apprécie pas franchement ce qu'il voit à l'entraînement : « Il n'aimait pas les méthodes employées par Bruno Irles, assure un proche de la famille. Il y avait, selon lui, des mots violents qui fusaient sur les terrains. Les plus faibles en pleuraient apparemment la nuit. Kylian tenait bon, même s'il craquait parfois. Heureusement qu'il avait le soutien de ses proches et une famille solide qui ne se laissait pas faire et demandait sans cesse des explications. »

Une seconde réunion, cette fois en présence des parents, est organisée en décembre au centre d'entraînement de La Turbie. Le malaise ne s'est pas atténué, bien au contraire, et Bruno Irles est sommé de s'expliquer : « On m'a reproché tout d'abord le manque de temps de jeu de Kylian ; j'ai répondu que l'on m'avait interdit de le faire jouer en amateurs et qu'il n'avait pour le moment pas la mentalité pour être titulaire en U17 nationaux. On m'a dit aussi qu'à cause de moi le petit était malheureux ; c'était faux. Kylian vivait plutôt bien dans le groupe, même s'il était logiquement déçu quand je ne le convoquais pas. On m'a parlé enfin d'acharnement aux entraînements ; j'ai rétorqué qu'un formateur devait être capable de bousculer parfois un joueur quand celui-ci n'appliquait pas les consignes ou qu'il ne faisait pas les efforts pour ses partenaires. C'était le cas de Kylian et, comme je n'avais pas le droit de l'envoyer avec les amateurs, il fallait donc que je trouve d'autres moyens de le piquer. Alors oui, parfois je lui faisais des remarques comme : "Arrête de jouer ta star !" Ou : "Ici, tu n'es pas au Real Madrid, alors bouge-toi un peu le cul !" Mon seul acharnement a été de maintenir mon point de vue et de mettre Kylian sur un pied d'égalité avec les autres joueurs. »

Ce rendez-vous n'arrange rien et le bras de fer entre la famille du joueur et l'entraîneur du groupe U17 va se poursuivre tout au long de la seconde partie de saison. « On voit bien, dans cette situation, toute la complexité du métier d'éducateur, analyse Marc Westerloppe, passé à l'été 2013 du centre de formation du RC Lens à celui du Paris Saint-Germain. Un formateur est comme un père de famille. Il doit être capable d'engueuler son joueur, mais aussi savoir l'encourager et l'embrasser. Bien sûr qu'il fallait secouer parfois Kylian et lui dire : "Hé, footballeur, c'est un véritable métier. Tu ne vas pas t'endormir comme ça !" Mais il ne fallait pas oublier non plus que son talent était déjà reconnu partout en France et surtout qu'il était de fin d'année. Il avait encore besoin, à cette époque, d'un lien affectif, de ressentir de la chaleur, et c'est peut-être cela qui lui a manqué. »

« Il est évident qu'Irles, qui était dans le même temps en conflit avec Barilaro, n'a pas su apprivoiser le joueur, confirme Reda Hammache. Mais pas question non plus de lui jeter la pierre. Tous les éducateurs ont connu un jour des problèmes avec un joueur. Manque de pot pour Irles, c'est tombé sur Mbappé, le joueur le plus médiatisé du moment. »

Les relations se dégradent définitivement au printemps 2014, lors du tournoi de Montaigu disputé dans l'ouest de la France, près de Nantes. Le 21 avril, lors du dernier match de la compétition face aux Girondins de Bordeaux, Kylian aurait eu, selon Irles, une réaction douteuse : « Alors que je lui faisais une remarque sur son replacement, il s'est permis un geste du bras l'air de dire : "Va te faire voir !" Je l'ai sorti immédiatement du terrain, sans la moindre explication. Cela a été son dernier match officiel, il n'a plus jamais rejoué avec moi. » Selon certaines sources, Irles et l'oncle du joueur, Pierre Mbappé, en seraient (presque) venus aux mains : « Je n'ai pas envie de rentrer dans les détails mais cette fois, c'était allé trop loin. Je suis donc allé voir la direction pour leur expliquer ma décision de l'exclure de mon groupe. »

On imagine l'embarras du club, alors pris entre deux feux : ne pas déjuger son éducateur et conserver, dans le même temps, la confiance du clan Mbappé, décidé, selon certains, à aller voir ailleurs si une solution n'est pas trouvée rapidement. Pour mettre un terme au conflit, le directeur du centre de formation, Frédéric Barilaro, va être épaulé par le nouveau conseiller sportif du club, le Portugais Luis Campos. Les deux hommes sauront apparemment trouver les mots justes et rassurer les proches du joueur après cette saison rocambolesque. Après s'être entraîné seul pendant une semaine, en compagnie de l'entraîneur adjoint Sylvain Legwinski, Kylian va terminer la saison avec le groupe U19 dirigé par Barilaro.

Quelques semaines plus tard, comme prévu, Bruno Irles quitte l'AS Monaco pour préparer son diplôme d'entraîneur professionnel qui le conduira à Arles-Avignon, puis en Moldavie, au Sheriff Tiraspol. Il quitte son club de toujours avec quelques regrets, « ceux de ne pas avoir pu faire progresser Kylian sur ses points faibles, même si cette année l'aura quand même aidé à être plus fort mentalement ». Kylian boucle cette première saison en championnat de France U17 avec 1 175 minutes passées sur le terrain, soit la moitié du temps de jeu possible. Irles retrouve également quelques statistiques dans ses notes de l'époque : 5 buts marqués dont un doublé face à Nîmes, 3 passes décisives et… 2 erreurs directes qui ont coûté un but. « Eh oui, je note ce qui est bien, mais aussi ce qui est mal ; on ne se refait pas ! »

7

Plus fort que Thierry Henry

À Monaco, c'est la référence ultime. Dès qu'un attaquant métis ou d'origine antillaise commence à enchaîner les buts en équipe de jeunes, on l'annonce déjà comme le nouveau Thierry Henry. Mais la comparaison s'arrête souvent ici, car il est bien difficile de rivaliser avec l'ancien international français passé sur le Rocher entre 1993 et 1999. Il inscrivit 42 buts lors de sa première saison au club en championnat de France U17 et établit par la suite plusieurs records de précocité : lors de ses débuts en professionnel tout d'abord, à l'âge de 17 ans et 14 jours, puis pour son premier but en Ligue 1, marqué le 29 avril 1995 face à Lens, à 17 ans, 8 mois et 12 jours.

Thierry Henry, Kylian en entend parler depuis son plus jeune âge : sur les terrains de Bondy, le long des mains courantes, les spectateurs voyaient très souvent en lui le nouveau « Titi » lorsqu'il se lançait, balle au pied, dans de longues chevauchées.

Lors de son arrivée à l'INF Clairefontaine en 2011, le directeur Gérard Prêcheur a lui aussi vite fait le rapprochement : « Chose rare à 13 ans, ils alliaient déjà vitesse et technique. Chez Thierry Henry, ce sont les qualités physiques qui prédominaient alors que pour Kylian, c'est d'abord le talent de dribbleur qui ressortait. » Et, tout naturellement, le parallèle s'est poursuivi lors des premières années à Monaco : « C'est vrai qu'ils ont pas mal de points communs, leurs origines et leur histoire, mais pour moi, cela s'arrête là, avance Bruno Irles qui, avant d'entraîner Mbappé, a évolué aux côtés de Thierry Henry à Monaco et en équipe de France espoirs. Cela n'a rien de péjoratif, mais Thierry était un laborieux. Même s'il a eu une immense carrière en passant par la Juventus de Turin, le FC Barcelone, les New York Red Bulls et surtout Arsenal FC, il a toujours dû beaucoup travailler et se remettre en permanence en cause. Kylian, pas du tout. C'est le talent à l'état pur. »

Il aura tout de même fallu une saison au prodige francilien pour prendre la mesure de ses ambitions et des attentes des éducateurs monégasques. Après une entrée en matière délicate avec Bruno Irles, il va connaître une deuxième année beaucoup plus réjouissante : « Il avait assimilé le fonctionnement du centre de formation et s'était intégré pleinement dans les effectifs, explique l'ancien responsable du recrutement, Souleymane Camara. Avec une équipe d'éducateurs qui correspondait plus à sa mentalité, il s'est libéré et a retrouvé très vite sa confiance. Et quand Kylian est heureux, cela donne très souvent des choses exceptionnelles. »

Pour preuve, dès la première journée du championnat de France U17, l'ancien de Bondy signe un doublé lors de la victoire 6-2 sur le terrain des voisins de l'OGC Nice. Durant cette première partie de saison 2014-2015, alors qu'il n'a même pas encore 16 ans, Kylian est surclassé à plusieurs reprises avec le groupe U19 de Frédéric Barilaro : « Il se sentait décisif et peut-être plus valorisé, rapporte un de ses anciens coéquipiers de formation. Le travail de la saison précédente avait peut-être aussi porté ses fruits. »

Fin décembre, Kylian a déjà inscrit 8 buts dans le championnat de France U17 et marqué deux fois avec les moins de 19 ans lors de déplacements à Furiani, en Corse, et à Lyon lors d'un match nul 2 partout. Il a aussi fait une entrée remarquée en Youth League – la Ligue des champions des U19 – en donnant une passe décisive en fin de match lors de la défaite 3-1 face aux Russes du Zénith Saint-Pétersbourg. Il ne quittera quasiment plus le groupe de Frédéric Barilaro durant la seconde partie de saison, marquant 6 nouveaux buts dont un doublé face à l'AC Ajaccio : « On avait fait une grosse saison en terminant meilleure attaque de la poule, raconte l'avant-centre Irvin Cardona. Il y avait de la concurrence mais, même s'il était le plus jeune, Kylian nous régalait. »

Et ses coéquipiers n'ont encore rien vu : la saison 2015-2016 sera celle de tous les records... Lors de son passage estival sur les bords de la Méditerranée, un ami de la famille a bien du mal à reconnaître le petit amuseur de Bondy : « Il était devenu calme, mature et sérieux. Sa voix avait commencé à muer.

Ce n'était plus un gamin, il était entré dans un truc. » Le 3 octobre, après seulement sept matchs de championnat U19, Kylian a déjà inscrit 10 buts et offert deux passes décisives en réussissant le tour de force d'inscrire des doublés lors des quatre premières journées face à Toulouse, Arles-Avignon, Bastia et le Gazélec Ajaccio : « J'avais eu vent de ses performances et j'étais du coup allé assister au match de Monaco à Clermont-Ferrand, en Auvergne. Et là, j'ai vu un garçon complètement transformé, raconte Marc Westerloppe, qui travaille depuis plus de deux ans pour le pôle de recrutement du PSG à l'époque. Il était prêt pour le haut niveau. Il avait grandi et ses muscles commençaient à se mettre en place. On sentait qu'il allait se passer quelque chose dès qu'il aurait pris quelques kilos. »

Mi-octobre, le gamin de 16 ans débute avec l'équipe réserve en championnat de CFA, la quatrième division française. Pour commencer, quelques minutes de jeu face à l'US Colomiers puis, quinze jours plus tard, une première titularisation face à Hyères, pour finalement signer mi-novembre 2 buts coup sur coup face à Pau et Mont-de-Marsan, avec en prime une passe décisive.

« On a commencé à prendre conscience du phénomène à ce moment-là, en voyant chaque week-end son nom en bonne place dans les feuilles de match, explique de ses bureaux de *Monaco Matin* le journaliste Fabien Pigalle. Il faut savoir aussi qu'à cette période, l'attaque monégasque ne fonctionnait pas trop et cherchait de nouveaux visages. Quelques semaines après avoir été cité pour la première fois dans un article, il faisait son apparition à l'entraînement avec les professionnels. » En l'espace de trois mois et demi, le gamin de l'allée des Lilas est passé du groupe U19 à celui de Ligue 1. À la mi-novembre, en pleine trêve internationale, Mbappé profite de l'absence de nombreux cadres blessés ou partis en sélections pour intégrer le groupe dirigé par Leonardo Jardim. Il n'en partira plus.

« Au début de la séance, les joueurs me demandaient si j'étais à l'essai, racontera l'adolescent quelques mois plus tard. Quand je leur ai dit que j'avais 16 ans, ils étaient un peu choqués. Ils pensaient que j'en avais trois de plus. Le coach m'a demandé également si j'étais un nouveau. Je lui ai répondu que j'étais là depuis trois ans. À la fin de l'entraînement, il m'a dit de revenir le lendemain et m'a demandé les coordonnées de mon père. »

Jardim est tombé sous le charme du nouveau phénomène du centre de formation. Il est décidé à le lancer au plus vite dans le grand bain. Le 29 novembre 2015, Kylian est convoqué pour la première fois dans le groupe professionnel pour le déplacement à Marseille. Trois jours plus tard, le 2 décembre, c'est le grand soir : Kylian effectue ses premiers pas en Ligue 1 face au Stade Malherbe de Caen, en suppléant dans les derniers instants de la partie le défenseur portugais Fábio Coentrão. Vêtu du maillot numéro 33, il fait son apparition sur la pelouse de Louis-II à la 88e minute. Kylian ne changera pas le cours du match qui s'achèvera sur un décevant match nul un partout, mais il bouleversera quand même le cours de l'histoire : à 16 ans, 11 mois et 12 jours, il devient le plus jeune joueur du club à débuter en professionnel et efface

Thierry Henry des tablettes pour la première fois : « Cela a marqué les esprits évidemment, confirme le journaliste du blog Fastfoot, Damien Chédeville. Il venait de faire mieux que Thierry Henry, qui était depuis de nombreuses années la référence ultime au club. Et Kylian a enchaîné, huit jours plus tard, en signant sa première passe décisive pour ses débuts en Europa League contre Tottenham. » La course aux records n'est pas terminée : le 20 février 2016, lors de sa neuvième apparition en professionnel, Kylian trouve pour la première fois le chemin des filets en inscrivant face à Troyes le but du 3-1 dans le temps additionnel : une dizaine de minutes après son entrée en jeu, il profite d'une bonne récupération d'Hélder Costa et d'une balle en retrait du milieu portugais pour surgir à l'entrée de la surface et placer du pied gauche une frappe à ras de terre qui prend le gardien à contre-pied. Il lui faudra bien quelques secondes pour réaliser que tout cela est bien réel. Le temps d'un regard vers la tribune officielle, où même le clan Mbappé n'en croit pas ses yeux. À 17 ans et 2 mois, Kylian vient de frapper un grand coup. Il devient le plus jeune buteur en professionnel de l'histoire de l'AS Monaco. Thierry Henry est encore une fois relégué à la seconde place.

« Kylian a toujours eu besoin de défis. Depuis tout petit, il n'a cessé d'avoir des objectifs en tête et de tout faire pour les atteindre le plus vite possible, confirme un proche. Ce premier but en professionnel en était une nouvelle preuve. Il tombait à pic aussi car la famille était alors en pleines négociations avec les dirigeants de l'AS Monaco. »

En effet, le contrat aspirant stagiaire de trois ans signé en 2013 avec l'AS Monaco arrivera à terme à la fin du mois de juin et, à quatre mois de l'échéance, l'AS Monaco n'a toujours pas « verrouillé » son joueur en officialisant son premier contrat professionnel. Le temps presse pour le club de la principauté qui se retrouve de nouveau face à la concurrence des cadors européens : « Dès le mois d'octobre et ses performances en U19, plusieurs clubs ont commencé à se positionner, sentant le bon coup venir et la possibilité de récupérer le joueur sans la moindre indemnité de transfert, assure le recruteur d'un club français. La montée en puissance de Kylian n'a rien arrangé à tout ça. Monaco s'est retrouvé piégé et attaqué de toutes parts. »

Le Real Madrid, le Bayern Munich, le Borussia Dortmund, l'Olympique lyonnais et le Paris Saint-Germain sont les clubs cités dans la presse dès la fin de l'année 2015 : « Après l'avoir vu à Clermont-Ferrand, j'avais averti ma direction au PSG de l'opportunité qui allait peut-être se présenter », confirme Marc Westerloppe. Plusieurs rendez-vous se tiennent à Paris, entre la famille du joueur et le directeur sportif de l'époque, Olivier Létang, qui imagine déjà un projet sportif sur cinq ans. Dans le même temps, plusieurs clubs anglais entrent dans la bataille : Chelsea et Manchester United font valoir leurs arguments, Liverpool aussi, mais c'est Arsenal, l'ex-club de Thierry Henry, qui se montre le plus intéressé. Les recruteurs des Gunners sont aperçus à plusieurs reprises en principauté et l'emblématique manager français Arsène Wenger fait même le déplacement en région parisienne pour tenter de convaincre la famille.

Face à tous ces prétendants, l'AS Monaco ne reste pas les bras croisés. En coulisses, le club s'active à chercher une solution de remplacement qui pourrait l'amener, en cas de coup dur, à recruter le Rennais Ousmane Dembélé, qui rechigne à signer un premier contrat professionnel avec son club formateur. Mais l'ASM ne lâche pas le combat et multiplie les rendez-vous avec Wilfried et Fayza. Le directeur sportif Claude Makelele et le président Vadim Vasilyev revoient à plusieurs reprises leurs propositions financières à la hausse et, selon *Nice Matin*, la prime à la signature passe en quelques semaines de 1 million à 1,6 million d'euros. Mais, ce qui intéresse surtout le clan Mbappé, ce sont les garanties sportives et le futur temps de jeu de Kylian en équipe première : « C'est pour cela que, malgré des propositions financières plus élevées, le PSG et Arsenal n'ont pas réussi à faire signer le joueur car ces clubs ne pouvaient peut-être pas assurer à Kylian une place de titulaire », avance un journaliste proche de l'affaire.

Voilà comment le premier but inscrit en professionnel contre Troyes mi-février a peut-être changé la donne quant à l'issue du dossier. Après avoir mis du temps à intégrer l'attaquant en herbe à ses entraînements, Leonardo Jardim a été, ce soir-là, définitivement convaincu du potentiel du joueur et a décidé de lui réserver une place de choix dans son effectif. Pour preuve, le 28 février, au stade de La Beaujoire de Nantes, Jardim offre à Kylian sa première titularisation en Ligue 1 en le plaçant à droite d'un quatuor offensif composé de João Moutinho, Diego Carrillo et Thomas Lemar. Au passage, l'entraîneur portugais n'oublie pas de glisser cette petite phrase au nouveau venu : « Donne-moi deux ans de ta carrière, tu verras le joueur que tu vas devenir. »

Une attention accrue du staff de l'AS Monaco qui sera suivie, quelques jours plus tard, de l'intervention décisive du conseiller sportif du club, Luis Campos : « J'ai croisé sa mère à l'entraînement quelques minutes après avoir eu l'accord de Vadim Vasilyev pour m'occuper du dossier, raconte-t-il à *L'Équipe* en 2017. C'était comme une lumière de Dieu. J'ai passé quarante minutes avec elle et lui ai expliqué les avantages et les inconvénients de partir déjà dans un grand club. Au PSG ou à Arsenal, il allait arriver dans un vestiaire fait de grosses personnalités et de grands ego et personne ne lui adresserait la parole. Les joueurs diraient : "Mais, c'est qui ce gamin ?" Non, il fallait qu'il attende un peu pour que le jour où il pousserait la porte des vestiaires d'un grand club, les autres joueurs lui disent : "Bienvenue Kylian, on t'aime beaucoup et tu vas nous aider." »

Le 6 mars 2016, l'AS Monaco officialise la signature du premier contrat professionnel de Kylian Mbappé. Dans le communiqué publié sur le site officiel du club, le vice-président Vadim Vasilyev se réjouit de cette issue favorable : « Alors que Kylian faisait l'objet de sollicitations de clubs très importants, cet accord est une nouvelle preuve de l'attrait de notre projet, dans lequel les jeunes talents peuvent parfaitement trouver leur place. Il met aussi en valeur le travail réalisé à l'Academy. Je suis persuadé qu'avec beaucoup de travail, il va pouvoir devenir un joueur de grand talent. » L'AS Monaco a su mettre les formes pour conserver son joueur mais également consentir à un bel effort financier : le contrat professionnel de trois ans est assorti d'une prime à la signature de 3 millions d'euros pour le joueur et d'un salaire de départ de 85 000 euros qui sera réévalué à 100 000, puis à 120 000 lors des deux saisons suivantes. Une marque d'attention significative que Kylian saura honorer de bien belle manière lors des derniers mois de la saison.

8

Reçu avec mention !

Le cameraman de l'AS Monaco TV est à l'affût pour recueillir les toutes premières impressions de Kylian. Nous ne sommes pourtant pas à la sortie des vestiaires du stade Louis-II, mais dans les couloirs d'un centre d'examen de l'Éducation nationale, où l'attaquant français vient d'en finir avec la première épreuve du baccalauréat 2016. Sac noir sur le dos et simple pull-over, la nouvelle perle monégasque ressemble à un adolescent lambda. Face à la caméra, il est pourtant déjà très à l'aise pour un lycéen de 17 ans et tout à fait décontracté lorsqu'on lui demande de commenter le sujet sur lequel il vient de plancher pendant plus de trois heures. La philosophie n'est pas la matière dont le coefficient est le plus important dans la filière sciences et technologies du management et de la gestion (STMG), mais Kylian n'a pas fait l'impasse : « J'ai choisi le sujet 2 : "Pouvons-nous justifier nos croyances ?" Cela a un rapport avec le football et c'est celui que je connaissais le mieux », lance-t-il au journaliste avec un grand sourire.

« Pouvons-nous réaliser nos rêves ? » aurait sans doute été un intitulé plus approprié au vu des événements qui se bousculent dans la vie du gamin de Bondy en cette fin de saison 2015-2016...

Trois semaines plus tôt, Kylian a décroché le graal de chaque joueur issu d'un centre de formation. Avec ses copains des générations nées en 1997 et 1998, il a remporté la Coupe Gambardella lors d'une finale survolée, le samedi 21 mai, sur la pelouse du Stade de France de Saint-Denis, en banlieue de Paris.

Après sa folle année et son incroyable ascension, Kylian a logiquement été épargné des premiers tours de cette Coupe de France des moins de 19 ans. Pendant que ses copains venaient laborieusement à bout de Rodez, Clermont-Ferrand, Metz et Caen, il poursuivait son apprentissage au plus haut niveau, fêtant en mars sa deuxième titularisation en Ligue 1 par une belle victoire 2-0 au Parc des Princes face au PSG, puis signant, le 10 avril à Lille, sa 14e apparition en professionnel par une seconde passe décisive.

« Lorsqu'il nous a rejoints pour les demi-finales, on savait que ce serait un renfort de poids, assure son grand ami du centre de formation, Irvin Cardona, un blondinet à la coupe soignée. Malgré son éclosion, on était restés très proches. On s'appelait en permanence. On connaissait aussi sa mentalité, même s'il avait désormais acquis un nouveau statut après sa dizaine de matchs joués en professionnel, on savait qu'il allait tout donner pour les copains. »

Le 23 avril, à Libourne, dans le sud-ouest de la France, où sont organisées les demi-finales de la compétition, l'AS Monaco vient logiquement à bout du Stade brestois. La victoire sera pourtant longue à se dessiner et Kylian aura, dans un premier temps, un peu de mal à se situer dans ses appels de balle et ses déplacements. Pas surprenant car, pour ses retrouvailles avec le football de jeunes, il débarque sans aucune séance collective avec ses coéquipiers : « La veille, il s'était encore entraîné avec les pros avant d'apprendre qu'il s'envolerait l'après-midi avec le groupe de Gambardella », se souvient Fabien Pigalle, qui a suivi de près le parcours des U19 pour le quotidien *Monaco Matin*. Sa présence à Libourne n'est évidemment pas une bonne nouvelle pour les Brestois : « Mes joueurs le redoutaient terriblement, même si on ne s'est pas focalisés sur lui dans la préparation de notre match, avoue l'entraîneur adverse, Éric Assadourian. Durant la rencontre, il a été au-dessus du lot et nous a fait pas mal de misères. On avait affaire à un futur grand. »

Juste avant la mi-temps, Kylian profite de l'une de ses premières opportunités pour ouvrir le score d'un joli coup de patte croisé. Son compère d'attaque Irvin Cardona se chargera d'inscrire le second but de la partie à l'heure de jeu pour envoyer définitivement l'AS Monaco en finale de la compétition.

« Nous voilà au Stade de France ! Je viens de Paris donc ça me touche de jouer là-bas. J'y ai vu des matchs de l'équipe de France, des finales de Gambardella, se réjouit au coup de sifflet final la star de la génération 1998. Maintenant, il nous reste un match et, comme on dit, une finale, ça ne se joue pas, ça se gagne. »

Et, un mois plus tard, Kylian prouve que ces déclarations n'étaient pas des paroles en l'air. Il sera l'artisan numéro un du quatrième sacre de son club dans cette Coupe Gambardella. Face au Racing Club de Lens, il se montre insaisissable durant les 90 minutes disputées en lever de rideau de la finale de la Coupe de France, entre le Paris Saint-Germain et l'Olympique de Marseille : « On a eu pourtant l'occasion de voir passer pas mal de talents en finale de la Gambardella... Mais les Benzema ou Ben Arfa n'ont jamais survolé le rendez-vous de cette manière, assure un membre de la Fédération française. À cet âge, les grands joueurs sont très attendus et, en finale, ils se retrouvent souvent inhibés par l'enjeu. Pas Mbappé. Il était déjà sur une autre planète ! »

Avant la rencontre, avec calme et beaucoup de tact, il s'est permis de reprendre, en direct à la télévision française, le journaliste chevronné Daniel Lauclair, chargé de l'interroger juste avant l'entrée des deux équipes sur la pelouse du Stade de France : « C'est un moment rare de télévision, assure avec une pointe d'humour l'auteur du blog Fastfoot, Damien Chédeville. Le journaliste de France Télévisions, qui est un vieux de la vieille, se plante complètement en confondant Kylian avec le capitaine du Racing Club de Lens, Taylor Moore. Cela aurait perturbé plus d'un jeune joueur mais pas lui. Mbappé rectifie sans sourciller les erreurs du journaliste et enchaîne par une réponse claire et précise. Cette situation cocasse montre sa force mentale et son intelligence. Il était déjà costaud pour son âge. »

Sur le terrain aussi, Kylian n'est plus un junior. Avec le maillot blanc et rouge de l'AS Monaco, il semble s'amuser dans un Stade de France qui sonne encore creux. Les Lensois ne savent pas comment l'arrêter. À la 29e minute, Kylian profite d'une glissade de son vis-à-vis dans le couloir gauche pour s'engouffrer dans la moitié de terrain adverse, fixer la défense centrale et servir avec délicatesse, entre deux joueurs, son ami Irvin Cardona qui termine l'action d'un magnifique piqué du pied gauche. Sur ce premier but intervient le talent et aussi une incroyable complicité entre les deux attaquants : « C'est vrai qu'avec Kylian, on s'est toujours trouvés facilement, reconnaît le premier buteur de cette finale, prêté durant la saison 2017-2018 au Cercle Bruges, en première division belge. Je ne sais pas si j'évoluerai de nouveau un jour avec Kylian, mais c'est sans doute celui avec qui je me suis le mieux entendu sur un terrain. »

En seconde période, Irvin Cardona sera aux premières loges pour assister au premier doublé du numéro 10 sur la pelouse du Stade de France : à la 47e minute, Kylian profite d'une talonnade de Cardona et d'une remise de Guévin Tormin pour doubler la mise du pied droit, avec sang-froid et précision. Au bout de la finale, à la 92e minute, il n'a cette fois besoin de personne pour se jouer de quatre Lensois résignés et inscrire d'une frappe lourde au premier poteau le troisième et dernier but du match.

Après avoir soulevé la coupe et récupéré sa médaille, Kylian exprime son bonheur : « On ne peut pas comparer ma joie avec celle de mon premier but en L1. Ce sont deux choses magnifiques. En venant là, je n'aidais pas des coéquipiers à gagner une coupe… j'aidais mes amis. »

Cette victoire sera fêtée le soir même, lors d'une virée parisienne : « Kylian avait déjà un statut à part dans cette génération, assure un proche de l'équipe. Il n'était pas traité comme un prince mais avait quand même quelques passe-droits. Il était rentré chez lui après le match avec ses parents et avait rejoint le groupe un peu plus tard, en cours de repas, dans un restaurant qui faisait aussi boîte de nuit. La plupart n'étaient jamais trop sortis et étaient très timides, mais Kylian dégageait une véritable assurance, notamment au moment d'aborder les filles. Comme sur le terrain, on sentait une aisance naturelle et une confiance en lui. »

Pour la quasi-totalité de cette génération dorée de l'AS Monaco, cette soirée représente le clou de la saison et annonce des vacances bien méritées. Pour tous, sauf pour… Kylian, qui ne fait décidément jamais rien comme les autres.

Cette incroyable seconde partie de saison 2015-2016 a également été marquée par la fin d'un malentendu qui durait depuis près de trois ans avec la Fédération française de football : aucun match officiel en équipe de France U16 en 2013, deux apparitions seulement sous le maillot tricolore U17 en septembre 2014 contre l'Ukraine, puis quasiment plus rien jusqu'à une convocation, en janvier 2016, pour la Copa del Atlántico en Espagne, que Kylian ne pourra finalement pas honorer en raison d'une blessure rare (torsion testiculaire). Comment le sélectionneur français Jean-Claude Giuntini a-t-il pu se passer des services du plus grand espoir de sa génération et le qualifier par la suite d'« intermittent du spectacle » ? Si l'entraîneur national refuse de s'étendre sur le sujet, d'autres comme Gérard Prêcheur ont quelques éléments de réponse : « Giuntini, comme d'autres avant lui, a été gêné par le caractère de Kylian : Jean-Claude Lafargue à l'INF Clairefontaine, puis Bruno Irles à Monaco avaient aussi interprété sa confiance et son naturel comme de la suffisance. Mais, pour aller au top niveau, il faut avoir cette confiance en soi. Regardez Zlatan Ibrahimović et Cristiano Ronaldo… »

« Lors de mon année avec Kylian, en 2013, j'avais eu Giuntini au téléphone pour débriefer un stage de présélection en équipe de France. Apparemment, cela ne s'était pas assez bien passé pour qu'il le reprenne, confirme Bruno Irles. Il faut aussi se rappeler du contexte et du traumatisme de la Coupe du monde 2010 en Afrique du Sud. Après le scandale de Knysna, les formateurs se sont remis en cause en se disant que le talent ne faisait pas tout et qu'il fallait aussi intégrer l'aspect collectif et le comportement du joueur. »

Résultat, Kylian ne sera pas convoqué pour l'Euro U17 remporté en 2015 par les Français, après une victoire 4-1 sur l'Allemagne en Bulgarie. Odsonne Édouard lui est préféré à la pointe de l'attaque des Bleuets et l'attaquant du Paris Saint-Germain inscrit 8 buts durant la compétition dont un triplé lors de la finale. « Cela aurait été un plus de l'avoir avec nous. Même s'il y avait de très bons joueurs devant, on était quand même étonnés de ne pas le voir sélectionné, reconnaît le capitaine de la génération 1998, Timothé Cognat. On a du coup été très surpris d'apprendre qu'il était surclassé en équipe de France U19. »

Persona non grata au sein de la génération 1998 dirigée par Jean-Claude Giuntini, Kylian va finalement trouver son salut international auprès des joueurs nés en 1997. À la recherche d'un talent offensif en l'absence d'Ousmane Dembélé, le sélectionneur de l'équipe de France U19, Ludovic Batelli, fait fi des on-dit et le convoque au mois de mars 2016, à l'occasion du dernier tour de qualification pour le championnat d'Europe de la catégorie. L'idée s'avère lumineuse. Kylian est vite intégré au groupe par ses aînés et se rend rapidement indispensable sur le terrain. Après une première titularisation contre le Monténégro le 24 mars, il est décisif lors des deux derniers matchs de qualification : c'est lui qui ouvre le score sur corner, le 26 mars, lors de la large victoire 4-0 sur le Danemark. C'est encore lui qui inscrit l'unique but, trois jours plus tard, face à la Serbie, dans un troisième match décisif qui envoie les Bleuets vers les phases finales : « Même avec quasiment deux ans de moins que certains joueurs, Kylian a montré une incroyable maturité, raconte Ludovic Batelli. Il s'est fait adopter non pas comme le petit jeune qui arrive dans la bande mais comme un super joueur et un super pote de vestiaire. » Des propos confirmés par le capitaine de cette génération 1997, Lucas Tousart : « Malgré son jeune âge, il a tout de suite capté notre mode de fonctionnement. Son intégration a du coup été très rapide et on a vite compris qu'il pouvait nous faire vraiment du bien lors des échéances à venir. »

Entre le 12 et le 24 juillet 2016, Kylian fait ainsi le bonheur des Tricolores, durant l'Euro U19 disputé en Allemagne : « On l'a vu tenter des gestes incroyables, comme faire tomber un adversaire avec une simple feinte de corps, ou bien réussir un coup du sombrero après une louche. Il a été fantastique pendant toute la compétition, raconte le journaliste de Fastfoot, Damien Chédeville. Il a été décisif durant les phases de poule avec un but splendide contre la Croatie, puis un doublé lors du match couperet contre les Pays-Bas remporté 5 buts à 1. » Kylian est également au rendez-vous des demi-finales, le 21 juillet à Manheim, où il porte l'équipe de France à bout de bras lors d'un duel de premier plan face au Portugal. Après le but rapide de Pacheco, il offre à Ludovic Blas la balle de l'égalisation sur une accélération surpuissante côté gauche. En seconde période, il met les Bleuets à l'abri grâce à un nouveau doublé, aux 67e et 75e minutes : « Au cours de ce match, il a montré encore à ceux qui en doutaient qu'il n'avait pas de limite dans sa progression », assure le journaliste de *Monaco Matin* Fabien Pigalle. Le 24 juillet, la France est sacrée championne d'Europe U19 en étrillant l'Italie sur le score de 4-0. Kylian n'a pas marqué, laissant ce privilège à Issa Diop, Lucas Tousart, Ludovic Blas et Jean-Kévin Augustin, qui lui dérobe par la même occasion le trophée de meilleur buteur du tournoi.

Qu'importe, la saison 2015-2016 a déjà été bien assez généreuse avec lui. Records de précocité, premier contrat professionnel, Coupe Gambardella et championnat d'Europe : tout lui a réussi ! Enfin presque... Kylian devra, en effet, attendre le mois de septembre pour valider son baccalauréat STMG, en effaçant au rattrapage ses 19 points de retard. Preuve que même lui ne peut pas tout réussir du premier coup.

9
La déclaration

Kylian Mbappé, 25 avril 2016 : « Je suis très bien à Monaco. J'ai un coach, Jardim, qui m'apprend beaucoup de choses. Je suis entouré par de grands joueurs qui m'accompagnent, qui me guident, qui me font grandir. Pour un jeune joueur comme moi, c'est le paradis. »

Wilfried Mbappé, 13 octobre 2016 : « Sans être prétentieux, on ne comprend pas la gestion illisible de Kylian, au regard des promesses de la direction qui étaient tout simplement de jouer, d'entrer dans une rotation. Sinon, il ne serait pas resté. Même s'il a accompli un super Euro, on ne s'attendait pas à ce qu'il devienne titulaire, on n'est pas bêtes ! Mais on n'imaginait pas qu'il soit le sixième attaquant. Si c'était pour ça, autant aller de suite dans un très gros club. »

Que s'est-il passé pour que le clan Mbappé revoie radicalement sa communication en quelques mois et que Wilfried décide de remettre en cause publiquement l'utilisation de son fils au sein de l'équipe en ce début de saison 2016-2017 ? Des vents contraires se sont peut-être tout simplement mis à souffler sur les bords de la Méditerranée…

La belle épopée avec l'équipe de France U19 a évidemment empiété sur ses vacances. Mais, pour Kylian, en cette fin juillet 2016, la seule chose qui importe, c'est de reprendre le plus rapidement possible avec le groupe professionnel contraint de disputer, au cœur de l'été, deux tours de qualification pour espérer participer à la prochaine Ligue des champions. « Après le sacre contre l'Italie, tout le monde lui disait de sortir pour aller faire la fête avec ses coéquipiers, mais lui n'avait qu'une chose en tête ; c'était de rentrer à l'hôtel pour récupérer et lancer au plus vite la nouvelle saison », raconte un proche de l'équipe de France.

L'AS Monaco a même dû freiner son enthousiasme en l'obligeant à prendre une semaine de repos à l'issue de la finale du championnat d'Europe contre l'Italie.

Après avoir repris l'entraînement le 30 juillet et manqué les deux confrontations face aux Turcs de Fenerbahçe qui envoient l'ASM en barrages de la Ligue des champions, Kylian est dans les starting-blocks pour le coup d'envoi de la nouvelle saison de Ligue 1, le vendredi 12 août au stade Louis-II, face à l'En Avant de Guingamp. Il a d'ailleurs un bon coup à jouer : en l'absence de Falcao, du Brésilien Vágner Love et du Français Valère Germain, Kylian est titulaire à la pointe de l'attaque aux côtés de l'Argentin Diego Carrillo. La soirée estivale s'annonce belle pour sa première apparition officielle avec le numéro 29, choisi en l'honneur de la date d'anniversaire (29 décembre 2006) de son petit frère Ethan... Elle se révélera finalement cauchemardesque !

En première période, Guingamp punit par deux fois la défense monégasque. Kylian se démène pourtant sur le front. Il se bat, ne renonce pas, à l'image de ce ballon qu'il va disputer à la 40e minute au défenseur Christophe Kerbrat. Un duel aérien qui se transforme en un choc tête contre tête. Kylian est K.-O., touché apparemment aussi à la mâchoire. Il ne reviendra pas sur le terrain, est remplacé par Bernardo Silva, puis immédiatement conduit à l'hôpital. Le diagnostic tombe dans la soirée : il souffre d'une commotion cérébrale. Il doit observer entre trois semaines et un mois de repos complet.

« Cela a évidemment été un coup dur dans sa saison, raconte un proche. Kylian espérait vraiment enchaîner et continuer à surfer sur sa belle dynamique. Là, il se retrouvait à l'arrêt et, quand on connaît la passion du gamin pour le jeu et la compétition, les semaines qui ont suivi ont été longues et dures à vivre. »

D'autant que, sur le terrain, l'absence du nouveau prodige ne se ressent pas forcément. Après avoir finalement arraché le match nul 2 partout contre Guingamp, l'équipe de la principauté fait des ravages en championnat de France, lors des trois journées suivantes : victoires 1-0 à Nantes, carton 4-1 à Lille et, en prime, un succès de prestige 3-1 à la maison sur le Paris Saint-Germain, grand favori du championnat de France avec son attaque épouvantail : Di María, Cavani, Lucas. En Ligue des champions aussi, le troisième de la dernière Ligue 1 se montre costaud et accède aux phases de poule après sa double victoire sur les Espagnols de Villarreal.

Kylian retrouve finalement les terrains le 10 septembre, lors d'un match de championnat de CFA avec l'équipe réserve : le protocole habituel pour un jeune joueur privé de compétition depuis près d'un mois. Un retour aux sources aux côtés de ses copains de la Gambardella, ponctué d'une large victoire 5-1 face à l'ES Paulhan Pezenas et d'une passe décisive glissée d'une subtile talonnade. Kylian a joué un peu plus d'une heure et imagine déjà rejoindre le groupe professionnel la semaine suivante, lors de l'entrée en lice de l'AS Monaco en Ligue des champions face à Tottenham.

« Cela semblait une suite logique après son bon galop d'essai avec l'équipe réserve mais, trois jours plus tard, il est tombé de haut », raconte un journaliste. Comme de coutume, la liste des joueurs retenus est dévoilée à l'issue de la dernière séance d'entraînement à La Turbie. Pour ce déplacement très attendu à White Hart Lane, Leonardo Jardim convoque un groupe élargi de 21 joueurs. Et, stupeur chez les proches de Kylian, son nom n'apparaît pas sur la ligne des attaquants où l'on retrouve Radamel Falcao, Guido Carrillo et les deux jeunes Français Valère Germain et Corentin Jean : « Il l'a très mal vécu, confirme un ami de la famille. C'était évidemment une énorme déception de ne pas se rendre à Londres pour débuter cette Ligue des champions. » C'est le moins que l'on puisse dire… Selon certaines sources, Kylian aurait fondu en larmes à l'annonce de sa non-convocation, puis disparu pendant plusieurs heures. La pilule a du mal à passer car la déception se mêle à l'incompréhension. Comment le coach a-t-il pu lui préférer Corentin Jean, un attaquant prêté la saison précédente à Troyes, et qui n'a quasiment pas été utilisé depuis ? « C'est vrai que ce choix peut paraître très surprenant avec du recul, confirme un suiveur du club, on peut s'interroger sur les véritables motivations de Jardim. Était-ce uniquement un choix sportif servant à protéger un joueur qui revenait de blessure ? Ou était-ce une manière pour le coach portugais de reprendre la main après avoir subi la saison précédente le tempo dicté par la famille durant les négociations pour le premier contrat professionnel ? Seul Jardim a la réponse mais, ce qui est sûr, c'est qu'il est coutumier du fait : deux ans plus tôt, il s'était payé Anthony Martial lors d'un match à Nantes, en le faisant sortir du terrain quelques minutes après l'avoir fait entrer en jeu. »

En tout cas, la situation ne s'arrange pas durant les semaines suivantes : même s'il est convoqué à nouveau en championnat de France de Ligue 1, il ne joue pas une minute face à Rennes, Nice et Angers. L'ancien de Bondy reste sagement sur le banc, guettant un signe de son entraîneur qui ne vient toujours pas. Le 27 septembre, une première éclaircie, légère, se dessine tout de même dans le ciel gris de sa saison : il retrouve enfin la compétition lors de la 2e journée de Ligue des champions. Treize minutes face au Bayer Leverkusen qui seront suivies, quatre jours plus tard, de 8 minutes sur la pelouse du FC Metz en Ligue 1. S'il n'avait pas eu le temps de se mettre en avant face aux Allemands, Kylian profite de son retour dans le championnat de France pour délivrer une passe décisive à Gabriel Boschilia.

Vingt et une minutes de jeu en septembre, ajoutées aux 41 minutes disputées au mois d'août. Même si l'on tient compte de son indisponibilité, le temps de jeu de Kylian est bien mince après déjà deux mois de compétition. La situation a trop duré pour le clan Mbappé, qui profite de la trêve internationale pour faire passer son message. Le 13 octobre 2016, Wilfried laisse éclater son mécontentement dans une interview accordée au journal *L'Équipe*, dans laquelle il dénonce ouvertement un temps de jeu famélique et menace clairement d'aller voir ailleurs : « Cette situation ne rend pas Kylian heureux, et ça se voit sur son visage durant la semaine. Je sais que cela dérange au club, mais ça ne l'empêche pas de bosser. Il possède un caractère ambitieux, mais jugeons-le pour ce qu'il est vraiment : un compétiteur. Certains diront qu'il n'a que 17 ans, qu'il faut se calmer, mais ce n'est pas de l'impatience, car le club lui-même a dit qu'il allait jouer. Comme il en a besoin à son âge, il y aura une vraie réflexion à mener au mercato d'hiver. »

Une nouvelle fois, le clan Mbappé affronte de face la direction de l'AS Monaco, bien décidé à faire valoir le bon droit du joueur et à faire respecter les engagements pris par le club : « Ce n'est pas étonnant de voir le père monter au créneau, poursuit le journaliste, la famille a toujours fait front et ne s'est jamais défaussée quand il s'agissait de dire les choses pour protéger Kylian. Cette déclaration n'a pas forcément été bien perçue au club. Les dirigeants n'aiment pas trop lorsque l'entourage fait des vagues et, dans le vestiaire, les trentenaires n'ont pas forcément vu d'un bon œil que le père d'un jeune joueur vienne dire ce qu'il faut faire à leur entraîneur. Mais ils n'ont pas bronché car ils se rendaient bien compte du talent de Kylian à l'entraînement et que le petit avait largement sa place comme titulaire. »

D'ailleurs, si le staff de Monaco tarde à faire confiance à sa pépite, d'autres clubs européens sont prêts à lui ouvrir en grand la porte de leurs vestiaires. Au mois d'août, le FC Barcelone est allé aux renseignements et Manchester City a fait une offre de 40 millions d'euros pour récupérer le champion d'Europe U19. Pep Guardiola a tenté le coup, mais l'ASM n'a pas cédé à la tentation de faire une grosse plus-value. En ce mois d'octobre 2016, le club allemand de Leipzig essaye également de profiter de la situation pour récupérer le joueur, par le biais de son directeur sportif, Ralf Rangnick : « J'avais établi de très bons rapports avec son père. La confiance était réciproque et nous étions sur la même longueur d'onde. À l'époque, il m'avait affirmé que si je lui garantissais que je serais le prochain entraîneur du club, il me confierait son fils, car il avait confiance en moi », expliquera peu après le technicien allemand.

Mais Leipzig, pas plus que le Barça ou les Citizens, ne parviendra à subtiliser au club monégasque le grand espoir français. Vingt-quatre heures après la parution de l'article dans *L'Équipe*, Kylian reprend sa (triste) routine de début de saison. Convoqué par Jardim pour le déplacement à Toulouse lors de la 9e journée de Ligue 1, il assiste du banc de touche à la défaite 3-1 de son équipe. Falcao absent, c'est le duo Carrillo-Germain qui obtient encore les faveurs du coach portugais. Kylian n'est cette fois même pas appelé à la rescousse en fin de match. Cela ressemble à une punition. Cette hypothèse semble se confirmer le lendemain, lorsque le jeune attaquant est prié d'aller renforcer l'équipe réserve pour un long déplacement au Pontet, dans le championnat de CFA. Pas franchement un cadeau. Mais, comme pour illustrer les mots de son père, Kylian apporte sa plus belle démonstration sur le terrain : en 90 minutes de jeu, il inscrit deux buts lors de la victoire 3-1 des jeunes Monégasques !

10

Louis-II, 21 octobre 2016

Il y a cette image explicite : Kylian, maillot rouge et blanc à manches courtes sur le dos, les deux bras levés et les index tendus vers le ciel. Crâne impeccablement rasé, yeux noirs qui fixent les tribunes… Son visage est apaisé. L'ancien de Bondy n'a plus à s'excuser d'exister. Sans doute a-t-il déjà compris que ce vendredi 21 octobre 2016 allait changer le cours de sa jeune carrière. En l'espace de 90 minutes, il vient de montrer l'incroyable étendue de son talent. L'étendue de ses possibilités semble déjà sans fin…

« Kylian a cette particularité d'être toujours au rendez-vous, explique Fanfan Suner, son entraîneur à Bondy. Depuis gamin, il est là au bon moment et cela n'a pas changé en professionnel. » Ça tombe bien car, après les récentes déclarations paternelles, il est attendu au tournant. Il n'a pas intérêt à se louper et Kylian a cet enjeu à l'esprit lorsqu'il est informé de sa deuxième titularisation en championnat de France, à quelques heures du coup d'envoi de la 10e journée de Ligue 1 face à Montpellier.

« Leonardo Jardim estimait que c'était le bon moment pour lui redonner sa chance, raconte un proche de l'AS Monaco. Le coach avait apprécié son attitude avec l'équipe réserve le week-end précédent et aussi son entrée en jeu trois jours plus tôt, à Moscou, qui avait coïncidé avec le match nul 1 partout arraché sur le terrain du CSKA en Ligue des champions. Le calendrier commençait à être chargé et Jardim avait besoin de trouver des alternatives en attaque. C'était l'occasion de voir ce qu'il avait dans le ventre. »

Et voilà donc le numéro 29, 18 ans à peine, qui s'avance sur la pelouse du stade Louis-II pour couvrir le front de l'attaque aux côtés de son capitaine colombien Radamel Falcao : « On avait hâte de voir ce que cela allait donner, se souvient Yannick, un supporter proche du groupe indépendant Ultras Monaco 1994. Depuis le temps que l'on entendait parler de lui et vu ses performances en fin de saison précédente, on ne comprenait pas pourquoi il n'avait pas plus souvent sa chance. Alors, quand on a appris sa titularisation, il y avait pas mal d'excitation. J'ai gardé un œil sur lui pendant tout le match et je n'ai pas été déçu. »

À la 11e minute, Kylian sonne la révolte après l'ouverture du score de Montpellier. À grandes enjambées, il se lance dans une chevauchée sur le côté gauche. Il ponctue ce raid solitaire par un centre au premier poteau pour la tête de Bernardo Silva… Le ballon passe de peu à côté. Kylian n'est pas récompensé, mais c'est le genre d'action qui met en confiance et donne des idées pour la suite. À la 20e minute, il tire à nouveau son épingle du jeu, mais sa volée est contrée au dernier moment. À la 35e minute, il fait encore la différence et son adversaire direct est poussé cette fois à la faute sur le côté gauche de la surface de réparation. Penalty ! Radamel Falcao prend le gardien de Montpellier à contre-pied pour égaliser à 1 partout.

Le festival ne fait que commencer : quatre minutes seulement après le début de la seconde période, l'international français U19 surgit au second poteau, à nouveau plus prompt que son vis-à-vis, pour placer un coup de tête imparable au ras du poteau droit : « Je me suis battu durant sa formation pour qu'il mette parfois la tête. C'est son point faible, je le chambrais souvent là-dessus d'ailleurs. Contre Montpellier, c'était le geste juste. C'est la marque des grands », commentera son entraîneur à l'Academy, Frédéric Barilaro. Durant la dernière demi-heure de jeu, Kylian est à l'origine de deux nouveaux buts : à la 74e minute, il offre la balle du 4-2 à Valère Germain sur un centre impeccable puis, deux minutes plus tard, délivre encore de son côté gauche un nouveau ballon qui profite cette fois à Thomas Lemar : « À la fin du match, évidemment, on ne parlait que de lui en tribunes. Il était impliqué directement sur quatre buts de notre équipe. Sa prestation avait presque effacé la rouste 6-2 que l'on venait d'infliger à Montpellier », se rappelle avec enthousiasme Yannick, le fidèle des Rouge et Blanc.

Dans les couloirs de Louis-II, sa prestation est décortiquée par tous les journalistes : certains ont aimé la variété de ses appels de balle, d'autres son jeu collectif. Leonardo Jardim est également invité à commenter le match de son jeune attaquant : « Mbappé ? C'est un jeune joueur de qualité, je suis content de lui, Montpellier est une équipe idéale pour son profil, avec de l'espace ; c'est parfait pour ses caractéristiques. Il a encore besoin de travailler, mais c'est notre projet de faire franchir des paliers aux jeunes. » Et le principal intéressé, qu'en pense-t-il ? Évidemment, lorsque les micros se tendent et les caméras s'allument à la sortie des vestiaires, Kylian affiche un sourire à la hauteur de son soulagement : « Le coach m'a donné ma chance et je pense que j'ai réussi à la saisir. Je suis content. Quand je ne joue pas, c'est toujours frustrant parce que je suis un compétiteur. Mais j'évolue aussi dans une grande équipe, avec de grands joueurs. Je suis là pour apprendre et j'écoute beaucoup les conseils des autres joueurs. »

Kylian offre aux médias un examen précis et limpide de son match et de sa situation délicate depuis le début de sa première saison professionnelle. Les médias découvrent à cette occasion l'autre facette du joueur, à savoir un futur monstre médiatique au timbre de voix sans pareil, doté d'une capacité d'analyse déconcertante pour un gamin de 17 ans : « J'avais l'occasion de le côtoyer depuis plus d'un an donc je m'étais habitué, mais c'est vrai que de nombreux confrères ont été bluffés, ce soir-là, par la maturité de son discours, raconte Fabien Pigalle. Évidemment, quand on est aussi bon sur le terrain qu'en interview, cela joue doublement en votre faveur. »

Avec une note de 8/10, le reporter de *Monaco Matin* fait d'ailleurs de Kylian son homme du match, devant Bernardo Silva et Thomas Lemar : « Sur cette rencontre, c'était le talent à l'état pur. Il avait rayonné dès qu'il s'était replacé sur son côté préféré, le long de la ligne de touche à gauche. À partir de là, il avait amené le danger sur chaque accélération. » Deux jours plus tard, le quotidien régional consacre même une pleine page au jeune attaquant sous le titre : « Mbappé, joueur frisson ». En conclusion de l'article, deux questions sont posées à son ancien entraîneur, Frédéric Barilaro : « Jusqu'où peut-il aller ? Quel est son meilleur poste ? » « On ne sait pas quel niveau il va atteindre mais il est plus à l'aise sur le côté gauche, où il sait tout faire : centrer, tirer, dribbler. Il a les deux pieds et un jeu plus construit qu'à ses débuts. Kylian a des qualités déroutantes, surtout dans ses prises de balle. »

Cette prestation finit également de convaincre les joueurs de l'AS Monaco. Bien sûr, ses coéquipiers ont eu l'occasion, depuis près d'un an, à l'entraînement, de mesurer les qualités techniques du gamin, mais ce festival face à Montpellier a prouvé aussi que le petit était mentalement solide et bien déterminé à saisir la moindre opportunité pour se faire une place dans la ligne d'attaque : « On sait qu'il rongeait son frein depuis le début de la saison, assure, en après-match, Valère Germain parti depuis à Marseille. On espère que c'est le début pour lui d'une longue série. Il va apporter une bonne concurrence devant et cela va tirer l'équipe vers le haut. »

Il est évidemment encore trop tôt pour que les cartes soient complètement rebattues, mais Kylian a incontestablement marqué des points et s'est replacé dans la hiérarchie des attaquants du club : « Sa capacité à répondre présent à ce moment clé de sa carrière n'est pas forcément étonnante quand on connaît un peu le garçon, analyse un proche. Il a non seulement du talent, mais aussi une incroyable confiance en lui. Combien de joueurs auraient été paralysés par la pression et la peur de ne pas être à la hauteur des revendications exprimées publiquement ? La plupart, sans doute, mais pas lui ! Il ne doute jamais. Voilà pourquoi il est de la trempe des plus grands. Il a le talent, l'ambition et une flamme en lui qu'il ne cesse de nourrir. »

Cette belle soirée du 21 octobre 2016 sera suivie d'une fin d'année tonitruante. Cette performance a donné des ailes à Kylian, qui survole désormais les débats à chacune de ses apparitions. Après Montpellier, il décroche avant la trêve de Noël quatre nouvelles titularisations en championnat de France, pour un bilan d'un but contre Bastia et deux passes décisives. Et lorsque Jardim le lance seulement en cours de match, il sait aussi se montrer décisif, comme le 5 novembre face à Nancy, où il trouve l'ouverture sur son premier ballon avant d'offrir en toute fin de match, sur une nouvelle action de grande classe, le but du 6-0 à Diego Carrillo : « C'est vrai qu'à chacune de ses entrées, il se passait désormais quelque chose, raconte Yannick, le fidèle des tribunes. Malgré la concurrence en attaque, il tirait son épingle du jeu et commençait à devenir l'un des joueurs préférés des supporters. » Sa cote de popularité n'en finit plus de grimper. Le 14 décembre, pour l'entrée en lice de son club en

Coupe de la Ligue, il fait le show face au Stade rennais en huitièmes de finale : il marque un premier but à la 11e minute, en plaçant une accélération côté gauche avant d'ouvrir parfaitement son pied droit. À la 20e minute, il prolonge au second poteau un centre détourné de Nabil Dirar, puis se distingue une dernière fois, à la 62e minute, sur un caviar de João Moutinho qu'il convertit du gauche. Trois buts marqués en un peu plus d'une heure de jeu, et voilà un nouveau record qui tombe : à seulement 17 ans, 11 mois et 24 jours, Kylian devient cette fois le plus jeune joueur auteur d'un triplé sous le maillot monégasque : « J'avais marqué beaucoup de doublés, mais jamais de triplé », déclare-t-il en fin de match, en bord de pelouse. Quelques jours plus tard, il renchérit lors d'un reportage à la télévision française : « Il faut toujours envoyer des messages dans le foot, et c'est vrai que j'en ai envoyé un fort en Coupe de la Ligue. Chaque matin, je me lève pour être meilleur qu'hier, pour gagner des titres, parce que c'est comme ça qu'on reste dans l'histoire. Et, comme j'ai envie de marquer mon histoire, je veux gagner des titres avec l'AS Monaco. »

Lors du dernier match de l'année, le 21 décembre 2016, Kylian signe déjà sa 5e passe décisive en championnat de France lors de la victoire 2-1 face à Caen. Une belle manière d'honorer son 18e anniversaire qu'il a fêté la veille, mais surtout de confirmer sa volonté de jouer un rôle majeur dans la seconde partie de saison de l'AS Monaco.

11
International

James Robson est reporter au *Manchester Evening News* depuis plus de dix ans. Il suit les Citizens depuis l'arrivée de Pep Guardiola. Diego Torres est une plume appréciée du quotidien espagnol *El País*. Matthias Dersch écrit pour le bihebdomadaire allemand *Kicker* et est un habitué du Signal Iduna Park de Dortmund. Guido Vaciago est rédacteur en chef de *Tuttosport* et accompagne la Juventus Turin partout en Italie et en Europe. Ces quatre journalistes ont croisé la route de Kylian durant la seconde partie de la saison 2016-2017 et ont été témoins de son éclosion sur la scène internationale.

Mardi 21 février, l'AS Monaco se déplace à l'Etihad Stadium pour défier, en huitièmes de finale, Manchester City, l'un des favoris de la Ligue des champions : « Lors du tirage au sort, on s'était dit que c'était plutôt une bonne affaire car, parmi les premiers de groupe, Monaco était sans doute l'équipe la plus abordable sur le papier, explique James Robson. On connaissait un peu l'effectif mais, pour être honnête, pas du tout Mbappé. En conférence de presse, Kevin De Bruyne avait même avoué ne jamais avoir entendu parler de lui. Personnellement, si je l'avais croisé dans la rue, je ne l'aurais pas reconnu ! Il faut dire qu'il avait très peu joué durant la première partie de la compétition mais, en commençant à éplucher sa saison, je me suis aperçu qu'il était en forme. »

Après de belles performances fin décembre, Kylian a gardé le rythme en ce début d'année. Il a signé un but et deux passes décisives lors de ses deux titularisations en Coupe de France face à l'AC Ajaccio et le FC Chambly. Il a surtout attaqué le mois de février pied au plancher en marquant à nouveau face à Montpellier pour son retour comme titulaire en championnat de France, puis en s'offrant un triplé lors de la victoire 5-0 face au FC Metz. Du coup, pour ce huitième de finale aller, Leonardo Jardim lui offre sa première titularisation en Ligue des champions, dans un onze très offensif où il doit épauler Radamel Falcao au poste d'avant-centre : « Les journalistes anglais ne s'attendaient pas forcément à le voir débuter mais, en tribune de presse, on a très vite été subjugués. »

L'attaquant français donne le tournis en première période aux défenseurs des Citizens. Nicolás Otamendi et John Stones sont déboussolés par ses dribbles et dépassés sur chacune de ses courses. Sur un appel parfait et une finition éclair, Kylian inscrit, à la 41e minute, son premier but en Ligue des champions pour donner aux siens l'avantage 2-1 juste avant la mi-temps : « Manchester City a fini par s'imposer 5-3, mais cela n'a rien enlevé à la prestation de Mbappé. On a compris ce soir-là pourquoi, l'été précédent, Pep Guardiola avait mis 40 millions d'euros sur la table pour essayer de récupérer un joueur totalement inconnu en Angleterre. »

Le technicien catalan avait eu du flair. Ses impressions se confirment lors du huitième de finale retour disputé quinze jours plus tard au stade Louis-II. Monaco a besoin d'un exploit pour remonter ses deux buts de retard et Kylian se charge de mettre son équipe dans les meilleures dispositions en ouvrant le score, dès la 8e minute, sur un centre fort devant le but de Bernardo Silva : « Il était déjà entré dans l'histoire lors du match aller en devenant le deuxième plus jeune joueur français à marquer en Ligue des champions [derrière Karim Benzema], et il récidivait dans ce match capital. Toute la presse anglaise voyait déjà en lui le nouveau Thierry Henry. » À la 29e minute, Kylian est à l'origine du deuxième but monégasque : si, cette fois, il n'est ni buteur ni passeur, c'est lui qui initie une contre-attaque menée à cent à l'heure, conclue par un plat du pied gagnant de Fabinho. Monaco se qualifie pour les quarts de finale en battant Manchester City 3 buts à 1 : « Bien sûr, il n'a pas éliminé les Citizens à lui tout seul mais, pour moi, il a été le meilleur sur l'ensemble des deux matchs », conclut Robson.

Et comme une bonne nouvelle n'arrive jamais seule, le lendemain de l'exploit face aux Sky Blues, Kylian apprend sa première convocation en équipe de France A. Il n'a même pas eu besoin de passer par la case « espoirs », le voilà directement retenu par le sélectionneur français, Didier Deschamps, pour deux matchs importants prévus à la fin du mois de mars, à savoir une rencontre de qualification pour la Coupe du monde 2018 au Luxembourg et un amical de prestige au Stade de France face à l'Espagne. Diego Torres, rédacteur au quotidien *El País*, découvre, comme tout le monde, *via* les réseaux sociaux, les premiers pas de Kylian en bleu : son arrivée au centre d'entraînement de Clairefontaine dans la voiture de sa mère Fayza, ou encore son bizutage lors du premier repas : « Ses performances face à Manchester City avaient fait écho jusqu'en Espagne, raconte ce journaliste qui a suivi également le Real Madrid. Certains spécialistes disaient qu'il inventait des choses comme seul Maradona le faisait auparavant. Ils étaient tous unanimes pour certifier qu'ils n'avaient pas vu un jeune aussi talentueux depuis près de trente ans. »

Après avoir honoré sa première cape le 25 mars, en remplaçant à la 78e minute de jeu Dimitri Payet lors de la victoire 3-1 au Luxembourg, Kylian est titulaire, trois jours plus tard, au Stade de France face à l'Espagne. Ce match de gala ressemble clairement à un baptême du feu international. L'affiche est séduisante face aux champions du monde 2010, et Kylian a l'occasion de se produire quasiment à la maison, devant sa famille et ses amis. Le résultat n'est pas à la hauteur de ses attentes : « La France n'a cherché qu'à défendre en mettant en place un jeu qui ne favorisait pas les joueurs de talent et elle s'est inclinée logiquement 2-0 devant la Roja. Mais, dans ce naufrage collectif, Mbappé a été le seul à tirer son épingle du jeu durant les 60 minutes qu'il a passées sur le terrain. Chaque fois qu'il touchait la balle, il se passait quelque chose. Il a confirmé ce que j'avais dit de lui dans un article intitulé "La gazelle et la panthère". Selon moi, il était l'attaquant moderne parfait car sans doute le seul à allier, jusque dans ses origines, la technique de Zidane et de Benzema à l'agilité et la rapidité de Thierry Henry et de Samuel Eto'o. La comparaison était osée, mais on a vu par la suite qu'on avait vraiment affaire à un joueur extraordinaire. »

Auteur de deux buts face à Manchester City et à son avantage sous le maillot de l'équipe de France, Kylian poursuit son irrésistible ascension lors des quarts de finale de la Ligue des champions. Cette fois, c'est au tour de l'Allemagne de tomber sous le charme du prodige français. Face au Borussia Dortmund de son ami Ousmane Dembélé, il donne un récital le 12 avril 2017, lors de la manche aller jouée sur la pelouse du Signal Iduna Park. Face au « mur jaune » – surnom donné à l'imposant kop du Borussia –, il inscrit un but dans chaque période pour un succès 3-2 des Monégasques. Un premier doublé européen qui passe inaperçu en raison d'une actualité tragique : la veille, lors de son départ de l'hôtel pour le stade, l'équipe du Borussia a été victime d'une attaque à la bombe faisant deux blessés légers, dont le joueur espagnol Marc Bartra touché au poignet. Un sympathisant du club, un Germano-Russe proche de la trentaine, a fait exploser trois charges au passage du bus des joueurs : « On a frôlé la catastrophe ce soir-là, raconte avec émotion le journaliste de *Kicker,* Matthias Dersch. Le match a été reporté au lendemain mais les joueurs, comme les supporters et les journalistes, avaient encore totalement la tête ailleurs. On était passé quand même tout près d'un drame national ! »

En après-match, Kylian rendra hommage à ses adversaires : « Évidemment, on est très heureux d'avoir frappé un grand coup, mais on est surtout très touchés par ce qu'il s'est passé. Après l'explosion, j'ai eu très vite Ousmane Dembélé au téléphone et je lui ai dit que l'on était tous avec lui, avec Bartra et tous les joueurs de Dortmund. »

Des mots qui seront particulièrement appréciés par les fans du Borussia et contribueront à accroître sa cote de popularité. Le public allemand vient de faire connaissance avec un garçon de 18 ans d'une surprenante maturité et au talent sans limite : « Sur le coup, on n'avait pas forcément prêté attention mais, en revoyant le match un peu plus tard, on a pris la mesure de sa performance, assure Matthias Dersch. Il a tout fait dans ce premier match : obtenu un penalty [manqué par Fabinho], tenté sa chance à maintes reprises et trouvé la faille par deux fois. Sur le premier but où il marque du genou, il est hors jeu, mais sur le second, ce qu'il réalise est fantastique. Il récupère la balle, sème les défenseurs et remporte avec une incroyable assurance son face-à-face avec Bürki. Malgré son jeune âge, il ne s'affole à aucun moment, prend le temps de se mettre dans la meilleure position pour ajuster le gardien d'un magnifique enroulé du droit sous la barre. Ce but est la marque des plus grands. »

Pour fêter ce doublé, Kylian se lance dans une interminable glissade et exécute pour la toute première fois ce geste qui fera le tour du monde. On le découvre sûr de lui, bras croisés sur le torse et tête haute. Cette posture sera désormais la signature de ses exploits : « Avec mon petit frère, c'est parti de rien, d'un chambrage à la PlayStation. Il marque un but et il célèbre en faisant ça. Cinq minutes après, il met pause et il me dit : "Kylian, tu pourrais faire ça en match." Je lui ai dit : "Tu veux que je le fasse ? OK, je le ferai." C'est arrivé à Dortmund, je l'ai fait. Il était content. Je lui ai dit : "Maintenant, je te la vole [la posture], c'est la mienne" », expliquera Kylian au micro de beIN Sports.

Et, une semaine plus tard, *bis repetita* pour le quart de finale retour… Trois minutes de jeu à peine à Louis-II et voilà le nouveau phénomène français déjà à l'affût pour convertir une frappe puissante de Benjamin Mendy mal maîtrisée par Bürki. Même cause, mêmes effets : l'ancien de Bondy ouvre le score et n'oublie pas d'achever sa célébration les bras croisés sur le torse et le visage figé. Monaco s'impose finalement 3-1 grâce à deux autres buts inscrits par Falcao et Valère Germain.

Cette première grande tournée européenne s'achèvera début mai à Turin. Kylian ne verra pas le Millennium Stadium de Cardiff, où le Real Madrid de son idole Cristiano Ronaldo sera sacré pour la douzième fois de son histoire en Ligue des champions, le 3 juin. Il fera pourtant tout son possible pour mener son club vers cette finale, mais cela s'avérera insuffisant pour faire plier la Juventus Turin : « Après tout ce qu'on avait déjà entendu et lu sur lui, les Italiens étaient impatients de le voir à l'œuvre », raconte le journaliste de *Tuttosport* Guido Vaciago. L'occasion se présente le 3 mai 2017. Lors de son entrée sur le terrain, Kylian est accompagné de son petit frère Ethan, désigné « teneur de main » pour cette demi-finale aller jouée en principauté. Il signe quelques actions : une tête un peu molle à la 13e minute, puis une reprise du plat du pied repoussée par Buffon à la 16e minute. C'est quasiment tout. Kylian reste cette fois muet, contrairement à Gonzalo Higuaín qui inscrit deux buts : « Lors de cette première manche, j'ai senti Mbappé un peu inhibé par l'enjeu, sans doute impressionné d'affronter cette équipe de la Juve, qui venait d'éliminer le FC Barcelone. Mais, lors du retour, on a retrouvé celui qui avait fait tant de mal à Manchester City et à Dortmund. Il a complètement lâché les chevaux... »

Après la défaite 2-0 devant son public, l'AS Monaco n'a plus grand-chose à perdre : « Certes, il y a eu une nouvelle victoire de la Juve, mais les joueurs de Jardim ont posé cette fois d'énormes problèmes aux Bianconeri. Mbappé a ramené le score à 2-1 en piquant au premier poteau, juste devant Buffon. Mais, ce que je retiens surtout, c'est qu'il a été l'attaquant qui a posé le plus de problème à notre défense durant toute la compétition. Barzagli, qui est réputé en Serie A et en Europe pour sa pointe de vitesse, a souffert comme jamais. »

Cette reprise du droit, qui trompe Gianluigi Buffon à la 69e minute, sera son sixième et dernier but dans cette Ligue des champions 2016-2017. Au coup de sifflet final, Kylian est évidemment déçu de voir cette première finale européenne lui passer sous le nez.

Mais la belle accolade à la fin du match du gardien vétéran italien ne trompe pas ; en quelques mois, il s'est forgé un nom et une réputation sur la scène internationale : « On repart avec l'élimination, mais quand même la tête haute, commente Kylian dans les couloirs de l'Allianz Stadium. On a fait un beau parcours, on est partis des tours préliminaires, on a su gravir les échelons avec toutes nos forces, notre jeu offensif, mais on a aussi réussi à se remettre en question ; on n'a pas beaucoup de regrets à avoir sur cette campagne européenne. Se frotter aux meilleurs, c'est ce qu'il y a de mieux pour la progression. Aujourd'hui on a appris, j'ai appris, et on essaiera de revenir la saison prochaine mieux armés. »

À quelques mètres de là, le journaliste Guido Vaciago recueille les impressions italiennes : « Tous les joueurs et le staff étaient soulagés par cette qualification, mais ils étaient aussi admiratifs de la prestation de Mbappé. Je me souviens avoir croisé le directeur sportif Giuseppe Marotta, près des vestiaires, et lui avoir lancé en rigolant : “Il faut vite acheter Mbappé...” et il m'a répondu du tac au tac : “Mbappé ? on aurait pu l'avoir pour une bouchée de pain il y a quelques années. Maintenant, c'est trop tard, tous les grands clubs sont sur lui. Il a pris une dimension internationale.” »

12

Déjà champion

L'élimination face à la Juventus aura finalement été un mal pour un bien. Elle a décuplé les ambitions monégasques : « Le parcours en Ligue des champions avait soudé le groupe et permis l'éclosion de Kylian, raconte un ancien joueur habitué des tribunes de Louis-II. Désormais, ils n'avaient qu'un objectif en tête : aller chercher le titre de champion de France. »

En ce début du mois de mai, dans la dernière ligne droite de la saison, l'AS Monaco est en position idéale au classement, devant le Paris Saint-Germain. Les joueurs de Jardim sont solidement accrochés à leur première place en Ligue 1, qu'ils ont récupérée mi-janvier après un large succès 4-1 à Marseille : « Kylian n'a joué qu'une petite minute ce soir-là, mais il s'est vite rattrapé en ayant par la suite un rôle décisif dans les différentes compétitions », précise cet ex-joueur monégasque. Après le déclic en Ligue des champions à Manchester,

Kylian enchaîne les matchs et les performances : le 25 février, à Guingamp, il obtient un penalty quelques minutes après son entrée lors d'une victoire 2-1.

Le 1er mars, au Vélodrome, en huitièmes de finale de la coupe de France, il marque une fois et donne une balle de but à Benjamin Mendy pour une qualification 4-3 en prolongation, sur le terrain de l'Olympique de Marseille.

Le 5 mars, il réalise cette fois un doublé à la maison face au FC Nantes. Le lendemain, le quotidien sportif *L'Équipe* lui accorde pour la première fois sa première page et titre « Le Magicien » : « On commençait vraiment à parler de lui dans tous les médias, se souvient Fabien Pigalle de *Monaco Matin*. Toutes ses prestations étaient disséquées et, chez les adversaires, la curiosité avait laissé la place à la crainte. »

Et au respect aussi… Après un nouveau but qui débloque la situation contre Bordeaux le 11 mars, Kylian fait lever le stade de Caen le week-end suivant : « Sur ce match, il a tout fait : ouvert le score rapidement après s'être joué, avec une facilité déconcertante, de deux défenseurs et du gardien adverse, obtenu un penalty après avoir fait parler sa pointe de vitesse, et marqué une deuxième fois de la tête sur un ballon déposé par João Moutinho. Une prestation de haut vol, qui intervenait juste après son festival face à Manchester City, et l'annonce de sa première convocation en équipe de France. » À la 88e minute, le public du stade Michel-d'Ornano se lève et accompagne sa sortie du terrain par des applaudissements : « Il venait de faire la misère à l'équipe locale et le public lui réservait pourtant une standing ovation ! Je n'avais jamais vu ça, si ce n'est à la télévision pour les grandes stars du football. À 18 ans, il faisait déjà chavirer le cœur des supporters adverses. Il faut dire qu'il avait aussi une histoire particulière avec Caen, où il avait failli signer à 12 ans. »

Kylian est devenu un joueur essentiel du dispositif de Jardim et l'un des chouchous du vestiaire : « Ses buts ont évidemment favorisé son intégration. Il était très proche de Bernard Mendy, qui le surnommait "Razmoket" en référence à un dessin animé américain qui égrène les aventures de bébés intrépides. » Sur les réseaux sociaux, Kylian affiche spontanément sa joie de vivre à travers quelques scènes cocasses de la vie du groupe : il filme Bernardo Silva en sous-vêtements à la cantine, s'amuse comme un gamin dans la piscine du club avec Thomas Lemar, ou encore s'improvise chef cuisinier pour Benjamin Mendy : « Il était bien dans ce groupe professionnel où il amenait toute sa fraîcheur. Il n'oubliait pas non plus les copains de l'Academy et continuait de dormir de temps en temps au centre de formation, quand ses parents n'étaient pas présents dans l'appartement du Cap-d'Ail. Cela évitait les tentations, raconte un ancien partenaire. Comme il n'avait pas encore le permis de conduire, sa mère l'emmenait à l'entraînement dans une vieille berline qui n'avait rien d'un carrosse. »

« Après les rencontres à domicile, dès qu'il était passé devant la presse, il cherchait du regard Fayza et Ethan pour les rejoindre le plus rapidement possible. On voyait bien qu'il était très proche de son petit frère et le mettait en scène très souvent sur les réseaux sociaux, assure le journaliste de Fastfoot, Damien Chédeville. Par contre, il n'était pas du tout dans l'exubérance vestimentaire, toujours en survêtement, pas du tout bling-bling. On ne l'a jamais vu dans les boîtes de nuit comme d'autres jeunes du club à son âge. Cela ne l'intéressait pas. Il était famille et 100 % focalisé sur ses objectifs. »

Kylian est concentré sur sa fin de saison et le premier grand rendez-vous prévu le 1er avril 2017 à Lyon, où la finale de la Coupe de la Ligue a été pour la première fois délocalisée. Une affiche savoureuse, qui met aux prises les deux meilleures équipes françaises du moment, l'AS Monaco et le Paris Saint-Germain : « Les hommes d'Unai Emery sortaient d'une humiliation en Ligue des champions face à Barcelone [défaite 6-1 en huitièmes de finale retour, le 8 mars] et, comme ils sentaient que le titre de champion de France était en train de leur échapper, ils n'avaient plus que les coupes nationales pour sauver leur saison. Ce match représentait donc bien plus qu'une finale de Coupe de la Ligue. C'était l'occasion de remonter dans l'estime de leurs supporteurs et de montrer que le PSG restait le club numéro un du pays », raconte un journaliste. L'envie et la détermination parisienne font la différence et l'AS Monaco est balayé lors de cette soirée printanière. Une défaite cinglante 4-1 face à Cavani et Di María, malgré une somptueuse égalisation de Thomas Lemar à la demi-heure. Comme la plupart de ses partenaires, Kylian est passé complètement à côté de sa finale.

« C'est vrai qu'on ne l'a pas vu. C'est rare qu'il soit absent comme ça d'un tel rendez-vous », analyse un proche. Il faut dire que la défense centrale du PSG ne lui a fait aucun cadeau, comme le racontera plus tard le gardien de but Danijel Subašić au média croate *24 sata* : « Thiago Silva l'a chargé de la première à la dernière minute. Il l'a vraiment taclé fort. Vous pouviez voir qu'il allait sur lui et voulait ruiner sa confiance. Après le match, dans le vestiaire, Mbappé était très triste, il était au bord des larmes, très touché et j'étais désolé de le voir dans cet état. Je l'ai consolé et je lui ai dit que ces choses étaient normales parce qu'il avait montré à tout le monde à quel point il était fort et que cela allait continuer à l'avenir. »

Touché dans son amour-propre et déçu de ne pas pouvoir épingler un premier titre à son palmarès professionnel, Kylian propose une réponse de champion dans les semaines suivantes : au cours du mois d'avril, il est buteur par deux fois aussi face à Lyon et Toulouse lors de victoires déterminantes en Ligue 1. En mai, il ne marque pas face à Nancy et Lille, mais se distingue quand même : une passe pour Lemar en Lorraine et deux actions clés à Louis-II, face aux Lillois, dont un nouvel éclair offensif. Au bout de la première période, Kylian réalise un enchaînement de classe mondiale : lancé en profondeur, côté droit, il fait le tour de son défenseur pour récupérer le ballon, avant de danser littéralement autour de lui en enchaînant feintes de corps, passements de jambes et crochets. La victime est impuissante face à tant de vitesse et de technique. Et, quand il s'est assez amusé, le numéro 29 abandonne son vis-à-vis pour aller servir sur un plateau Bernardo Silva : « Ce mouvement face à Lille rappelle un peu les dribbles du brésilien Ronaldo. R9, pas CR7. Ce qu'il fait sur cette action est tout simplement prodigieux », s'emballe un journaliste monégasque.

Le 15 mai, l'accroc en finale de la Coupe de la Ligue est définitivement oublié : Kylian est élu, sans surprise, Meilleur espoir de Ligue 1. Lors de la traditionnelle cérémonie du football français, il devance son coéquipier Thomas Lemar, le Parisien Adrien Rabiot et le Niçois Wylan Cyprien : « Je suis très heureux de recevoir ce prix. C'est vraiment flatteur de voir que le travail est récompensé et c'est un argument de plus pour continuer à travailler et aller le plus haut possible », se réjouit le successeur d'Ousmane Dembélé lors d'une interview réalisée en duplex de la principauté. Kylian, comme tous ses autres coéquipiers, n'a pas été autorisé à faire le déplacement à Paris pour recevoir son trophée car la saison n'est pas tout à fait terminée. L'AS Monaco a rendez-vous deux jours plus tard à Louis-II pour disputer un match en retard déterminant pour l'attribution du titre.

Au moment de recevoir l'AS Saint-Étienne, le 17 mai, l'équipe de Jardim n'a besoin que d'un match nul pour assurer définitivement son huitième titre de champion de France. Évidemment, les coéquipiers de Kylian ne laissent pas passer l'opportunité et régalent le public, venu en masse pour une fois. L'ancien de Bondy est encore le détonateur : à la 19e minute, il est lancé dans l'axe par Radamel Falcao, à une trentaine de mètres de la cage. Sa pointe de vitesse lui permet de semer en quelques enjambées ses deux poursuivants et d'éliminer le gardien de l'AS Saint-Étienne avec une facilité déconcertante. Une feinte de frappe pour le mettre à terre, avant de pousser sans trembler le ballon dans le but vide. Le tout réalisé en une fraction de seconde. Du grand art. 1-0. Kylian vient d'inscrire avec sang-froid et maîtrise son 26e et dernier but d'une saison qui lui aura également permis de délivrer 14 passes décisives. Des statistiques dignes des plus grands attaquants européens et du jamais-vu quasiment pour un joueur de 18 ans qui a été très peu utilisé pendant les six premiers mois.

Un peu plus tard dans la soirée, les Monégasques marquent une seconde fois par Valère Germain. Anecdotique, évidemment. L'histoire retiendra surtout les scènes de joie qui suivent les trois coups de sifflet, peu avant 23 heures. Sur la pelouse, dans les vestiaires, en salle de presse, les nouveaux champions renversent tout sur leur passage. La joie est à la hauteur de l'exploit qui met fin à quatre années de règne sans partage du Paris Saint-Germain sur le football français : « C'était de la folie, raconte un journaliste dépêché pour l'événement en principauté. La conférence de presse de Jardim a été écourtée par l'arrivée d'une dizaine de joueurs. Benjamin Mendy était survolté. Ils dansaient et chantaient comme des gamins. Kylian était heureux mais un peu en retrait. C'était quasiment le seul à ne pas se mettre en scène avec son portable. On avait l'impression qu'il voulait profiter sereinement du moment, sa joie était plus intérieure. »

« Chacun a sa façon de célébrer. Moi, je voulais contempler le stade. Le club avait mis en place une fête exceptionnelle, avec un feu d'artifice. Le stade était plein et je ne voyais pas l'utilité d'avoir mon téléphone », expliquera l'intéressé sur TF1. Kylian ne juge pas non plus nécessaire de partir en virée avec ses partenaires pour fêter le sacre en boîte de nuit : « Cela nous en dit un peu plus sur le personnage et sa force de caractère, assure un proche du club. Il n'est pas allé bringuer avec ses coéquipiers mais, deux jours plus tard, il était en Seine-Saint-Denis avec le vice-président Vadim Vasilyev pour présenter le trophée de champion de France aux habitants de Bondy. Cela montrait son attachement à sa ville natale et à son premier club, mais aussi la dimension qu'il avait prise dans cette équipe de l'AS Monaco. Ce n'était plus le grand espoir, il était devenu la star du club. Pour preuve, les dirigeants n'auraient sûrement pas permis au défenseur Andrea Raggi d'aller présenter le trophée en Italie… »

13
Le feuilleton de l'été

« Sérieusement, je ne sais pas. Avec le vice-président, on s'est fixé l'objectif de bien finir la saison et de remporter le titre. On a tout mis de côté. Moi, ma priorité, c'était de gagner quelque chose avec mon club formateur. J'ai mis tous les ingrédients pour le réaliser. Tout ce qui est rumeurs, transfert, je l'ai mis dans un sac, et on verra. Quand est-ce que je vais rouvrir ce sac ? Après l'équipe de France. »

Quatre jours seulement se sont écoulés depuis le titre de champion de France et il incombe déjà à Kylian de répondre à la grande question de l'été : où jouera-t-il la saison prochaine ? Dimanche 21 mai : invité exceptionnel de l'émission « Téléfoot », sur la pelouse du stade Louis-II, il renvoie toute décision aux dates qui suivront les rencontres de la première quinzaine de juin, avec le maillot de la sélection nationale. À côté de lui, sur le plateau, Vadim Vasilyev, vice-président de l'AS Monaco, promet : « Nous allons tout faire pour le garder. »

Le prince Albert II espère également qu'il restera à Monaco : « Il a envie de rester. Et je ne pense pas trahir le secret en disant que son père aussi a envie qu'il reste. Il peut toujours y avoir des changements de dernière minute, déclare le chef monégasque au micro de Canal+. Mais pour l'instant, il sera encore à l'AS Monaco l'année prochaine. »

Des déclarations rassurantes face au tourbillon médiatique fait de rumeurs et de propositions se chiffrant à des millions d'euros. Rien de nouveau sous le soleil : depuis qu'il a 14 ans, Kylian suscite l'intérêt des grands clubs européens, mais là, depuis le déclic de Manchester City en Ligue des champions, ils sont vraiment nombreux à vouloir offrir des sommes astronomiques pour s'approprier le nouveau phénomène du football européen. Florentino Pérez est l'un d'eux. Le président du Real Madrid, qui, depuis les tribunes du stade Louis-II, a vu Kylian en action en huitièmes de finale de la Ligue des champions contre le City de Guardiola, a décidé qu'il serait le nouveau Galáctico. Pour l'amener au stade Santiago Bernabéu, il n'hésitera pas à mettre la main au portefeuille. Selon le quotidien *Marca*, Mbappé lui aurait déjà assuré un « oui, je veux » : « Il veut jouer au sein du club madrilène, écrit le journal sportif dans l'édition du 5 mai. Il l'a donc fait savoir aux représentants, qui ont contacté son entourage familial. » L'opération devrait se conclure à 100 millions d'euros.

Mais le Real n'est pas le seul à mettre de l'argent sur la table. Début mai, *The Guardian* assure que Manchester United a offert 72 millions de livres sterling (plus de 80 millions d'euros) pour Mbappé.

D'ajouter que José Mourinho, l'entraîneur portugais des Red Devils, a fait du jeune Parisien l'objectif numéro un du mercato. Dommage que l'AS Monaco, toujours selon la presse britannique, ait refusé la proposition, comme il balaiera, disent les journaux français, une offre du Real Madrid de 130 millions d'euros. Une montagne de deniers, une somme colossale qui dépasse le montant versé par Manchester United pour Paul Pogba à la Juventus en 2016 et les 100 millions que le Real Madrid a payés à Tottenham pour Gareth Bale, en 2013. Mais le club du Rocher n'a pas besoin de vendre ou, du moins, c'est ce qu'il prétend ; de plus, il tient à conserver son prodige encore une saison, dans l'espoir que les enchères continuent à grimper... Car il n'y a pas que Florentino ou le Special One qui s'intéressent au « Petit Prince ». Mbappé est suivi aussi par la Juventus, Manchester City, Arsenal, Liverpool, ou encore le PSG. Prenez l'exemple de la Juventus. Les dirigeants des Blanc et Noir, qui ont battu Monaco en demi-finale de la Ligue des Champions, ont rencontré, d'après *Tuttosport*, ceux de Monaco pour parler du mercato et notamment du « nouvel Henry ». Prenez le Paris Saint-Germain : Antero Henrique, ex-vice-président du FC Porto récemment nommé directeur sportif du PSG, rencontre Wilfried à Bondy afin de lui présenter le projet du club pour son fils. Selon *L'Équipe*, il y aurait eu également une discussion entre Nasser Al-Khelaïfi, président du club parisien, et le clan Mbappé ; un échange cordial qui n'a cependant rien donné. À ce stade, Kylian semble décidé à rester à Monaco, après avoir redéfini les termes de son contrat qui expire en 2019. En tout cas, il devra auparavant honorer ses engagements vis-à-vis des Bleus : ça commence le 2 juin, à Rennes, par un match amical contre le Paraguay. Trois jours avant, lors d'une conférence de presse à Clairefontaine, Kylian est contraint, une fois de plus, de parler de son avenir. « En quittant Monaco, il y a le risque de moins jouer ? » lui demandent les journalistes. Voici la réponse d'un garçon lassé de s'entendre constamment poser les mêmes questions, auxquelles il doit toujours apporter les mêmes réponses : « Pourquoi moins jouer ? Cela ne me fait pas peur de partir, mais j'ai le temps pour y réfléchir. Je suis concentré sur la sélection avant tout, il y a énormément de temps pour réfléchir à tout ça. Il y a trois matchs importants, je ferai le point après la sélection. »

Il ajoute que l'opinion de Didier Deschamps en matière de transfert compte à ses yeux, « mais ce n'est pas lui qui guidera mon choix », précise-t-il. Et il se réjouit d'évoquer Zidane : « Le joueur m'a fait rêver, me fait encore rêver quand je tombe sur certaines vidéos. Après, le coach, c'est complètement autre chose. C'est un très grand entraîneur, qui a tout de suite obtenu des résultats et qui est en train de progresser. » Une déclaration que certains médias français interprètent comme une fin de non-recevoir aux négociations avec le Real Madrid.

Le 2 juin, Mbappé, légèrement touché à une cuisse, n'apparaît pas sur le terrain pour jouer contre le Paraguay : Didier Deschamps a voulu le préserver dans la perspective des autres matchs. Il lui a même interdit de toucher le ballon mais, pendant l'échauffement, le jeune rebelle bondynois fait fi des consignes.

Au Roazhon Park – terrain de jeu habituel du Stade rennais –, la France bat le Paraguay 5 à 0. Une mise en jambes d'excellent augure avant d'affronter la Suède en match de qualification pour le Mondial 2018. À Solna, le 9 juin, les Bleus sont dans le noir total : à la 94e minute, un but du Toulousain Ola Toivonen, après une grossière erreur de Hugo Lloris, donne la victoire aux Suédois sur le score de 2-1. La France encaisse sa première défaite et perd la première place du groupe A au profit des Bleu et Jaune. Kylian ? Il est entré sur le terrain à la 76e minute, remplaçant un Griezmann décevant, sans avoir la possibilité de démontrer son talent.

Le 13 juin, place à l'Angleterre pour une rencontre amicale de premier plan : la France n'a pas battu les Anglais depuis 2010. Un match important, après la déconvenue face aux Suédois ; rendez-vous est pris au Stade de France. Pour la première fois, Kylian Mbappé est titulaire, il fait équipe en attaque avec Olivier Giroud. Avant le coup d'envoi, les supporters anglais et français reprennent en cœur *Don't Look Back in Anger,* qu'un gendarme interprète à la guitare électrique au milieu du terrain, en hommage aux victimes des attentats terroristes perpétrés à Manchester et à Londres. Quand Davide Massa, l'arbitre, siffle la fin du match, le score est de 3-2 en faveur de l'équipe de France. Mbappé, Ousmane Dembélé et Paul Pogba sont encensés par la presse française et britannique.

Les journalistes sont unanimes, il suffit de lire le commentaire du *Figaro* : « À l'image de Dembélé, le Monégasque a mis le feu dès qu'il était en possession du ballon. Avec lui, oubliez le geste inutile. Tout est réfléchi pour faire mal à l'adversaire ; jamais pour amuser la galerie. Chaque provocation est un régal pour les yeux, un supplice pour les défenseurs. Il trouve la barre à la 71e minute et offre une passe décisive à Dembélé à la 78e. Il doit être plus tueur, mais surtout, qu'il ne perde pas son insouciance. Ce gamin est un bijou. Note : 7. »

La presse britannique est encore plus dithyrambique que les journaux français, comme le prouvent la note de 8 et ce commentaire élogieux de la BBC : « Rapidité, ruse et assiduité. Vous comprenez pourquoi ce passionnant jeune joueur de Monaco est associé à un transfert à gros budget. Il a donné beaucoup de fil à retordre à la ligne arrière, mais il a frappé la barre transversale alors que le but était vide. » Difficile d'imaginer compliments plus enthousiastes. Mais quel bilan Kylian fait-il de son match et de sa saison ? « On va dire qu'elle s'est bien terminée et qu'elle aurait pu mieux commencer. Je voulais jouer, réussir, j'ai pu le faire sur la fin ; maintenant, il faut le faire sur toute une année. »

Manifestement, la horde de journalistes stationnés dans les couloirs du Stade de France est venu lui poser la traditionnelle question sur son avenir. « Attendez, je sors d'un match, là... Non, mais dans les prochains jours, on va partir en famille et réfléchir à ce qu'il va se passer », dit-il en souriant, alors qu'il est sur le point de s'en aller, mais quelqu'un insiste et le relance : « Il faut faire le tri ? » À quoi il répond : « Oui, il faut faire le tri. Et voir avec mon club aussi, bien sûr. Je suis sous contrat, je ne suis pas libre. »

Stop : pour Kylian, c'est le début des vacances. Le lendemain, sur Twitter, il poste une photo « avec le grand frère Jirès Kembo » intitulée « Vacances Attitude ». Surprise : « le Petit Prince » est blond platine, comme Kembo.

Les photos suivantes sont prises sur un yacht, dans les eaux espagnoles, au large de Majorque. Le but est de se détendre en famille. Dommage que les vacances ne soient pas aussi paisibles qu'il le souhaiterait : il doit décider de son avenir ; écouter les divers sons de cloche, les différentes propositions des clubs les plus riches du monde. Il soupèse, évalue, analyse attentivement avec ses parents. Le dernier mot, cependant, revient à Kylian. Ainsi, après s'être à nouveau entretenu avec Vasilyev pour s'assurer des intentions de Monaco, le jeune Bondynois reçoit un coup de fil de Zinédine Zidane. L'entraîneur des Merengues, qui revient de ses vacances en Italie, appelle l'attaquant monégasque pour le convaincre de faire ses valises et de s'envoler pour Madrid. C'est la conversation secrète que révèle *L'Équipe* à sa une, le 23 juin, et que dément, quelque temps après, un proche de la famille Mbappé. Mais qu'a bien pu raconter Zizou à Kylian ? Face aux doutes du jeune talent, qui a peur de se retrouver sur le banc, de ne pas avoir suffisamment de temps de jeu, en somme de ne pas évoluer sur le plan footballistique, l'ex-numéro 10 des Bleus se veut rassurant : il lui promet de lui faire de la place sur le terrain, que le trio BBC n'est pas intouchable, que si Bale, rejoint le Royaume-Uni, Kylian disposera d'un poste de titulaire ; dans le cas contraire, il y aura un turnover garanti parmi les attaquants madrilènes. Le technicien assure également au jeune prodige français qu'au Real Madrid, il pourra devenir cette star internationale qu'il rêve d'être. Des arguments convaincants, qui semblent enthousiasmer le Monégasque. Mais il a le temps de réfléchir ; en attendant, il y a d'autres rendez-vous importants, comme celui avec Unai Emery. L'entraîneur basque doit évoquer le cas de Kylian le 8 juin, lors du sommet international de football à Bilbao.

« Quand on parle de Mbappé, ici, en Espagne, on parle du Real Madrid, du FC Barcelone... Moi, je suis à Paris, au PSG, et je dis : quoi de plus beau que de pouvoir représenter une équipe française ? S'il est vrai qu'il va devenir l'une des icônes du foot dans le monde, qu'il soit à Paris, avec tout le respect que j'ai pour Monaco. Mais il vient de Paris, il a sa famille à Paris. Quoi de mieux pour la France, pour le PSG, qu'il y ait une union, une communion entre le joueur et sa ville ? » Moins d'un mois après ces déclarations, l'entraîneur est à Bondy. Lors de sa première rencontre avec Kylian, ils évoquent son avenir et un poste de titulaire au sein du PSG. Mais ce club, aux yeux de Mbappé, est le troisième choix possible derrière Monaco et le Real Madrid.

Son déménagement confirme sa volonté de rester au club monégasque. Kylian quitte l'appartement où il a vécu avec Fayza pour emménager dans une maison sur les hauteurs du Cap-d'Ail. Après tant d'allers et retours entre Bondy et Monaco, l'idée est de permettre à la famille Mbappé, au complet, de vivre tranquillement dans la grande maison avec vue sur mer qui était occupée jusque-là par Benjamin Mendy.

Lundi 10 juillet : après des vacances entre l'Espagne et la Grèce, Kylian se présente à La Turbie pour passer les examens d'usage en période de reprise et effectuer ses premières foulées sous la houlette de Leonardo Jardim.

Jeudi 13 juillet : la délégation monégasque débarque à Saillon, dans le canton de Vaud, pour son stage en Suisse qui durera jusqu'au 19 juillet. Mbappé est devenu la star de l'équipe et une foule l'attend à la fin de chaque entraînement. Les supporters ne sont pas les seuls à vouloir une photo avec « le Petit Prince » ; les journalistes sont également aux aguets et n'ont toujours qu'une question à la bouche : « Mais vous resterez bien à Monaco malgré les propositions du Real, de Manchester City et du PSG ? » Les journalistes du quotidien sportif madrilène *AS* assurent que la réponse du prodige est simplement « Je ne sais pas » ; en somme, la même qu'un mois plus tôt. Quatre mots qui alimentent toutefois un autre épisode du feuilleton de l'été. Reporters, journalistes et commentateurs essaient de trouver les véritables raisons qui feraient rester le garçon à Monaco ou s'envoler vers d'autres horizons. Encore une fois, le prince Albert II, interviewé par *L'Équipe* le 12 juillet, participe au débat : « Il y a des discussions en cours qui me font dire qu'il sera encore à Monaco la saison prochaine. Les discussions concernent son augmentation de salaire. Mais je pense qu'il a bien compris, et son père avec lui, que ce n'est pas encore dans son intérêt d'aller dans un grand club, où il n'est pas sûr d'être titulaire. Même si Zidane a dit qu'il aurait du temps de jeu au Real Madrid. »

Les déclarations du prince Albert sont-elles objectives ou expriment-elles simplement ses attentes de supporter ? Toujours est-il que beaucoup – qu'ils soient fans ou non – partagent le même avis que Son Altesse Sérénissime et espèrent qu'une négociation rapide aboutira à une prolongation du contrat, mettant ainsi un terme à une affaire qui dure depuis trop longtemps. À Monaco, tout est prêt : on a réservé à Kylian une place de titulaire, celle du numéro 10 de Bernardo Silva passé à Manchester City. Il pourra compter sur un salaire mensuel de 700 000 euros et pourra ainsi préparer dans les meilleures conditions la Coupe du monde en Russie.

14 juillet : fête nationale de la République française, coup de théâtre. Dans sa chambre de l'Hôtel des bains de Saillon, Kylian se met devant la caméra et enregistre un message vidéo qu'il poste sur Twitter à 21 h 46. Le titre : « Grande annonce ». Les supporters français et espagnols, ainsi que les journalistes de la moitié du globe tendent l'oreille : il aurait enfin fait son choix. Le visage sérieux, le ton solennel des grandes occasions : voilà comment s'exprime Mbappé : « Bonjour à tous, c'est moi… Comme vous le savez, ces derniers temps, mon nom a été associé à différentes choses, différentes rumeurs. Je pense qu'il était important pour moi de vous tenir au courant et vous donner cette information. Avec ma famille, on a beaucoup réfléchi. On a pesé le pour et le contre : on est parvenus à une décision, qui est que… cette année… dorénavant… je jouerai avec… »

Kylian s'interrompt un instant. Le suspense est à son comble. Il se penche, se présente à nouveau devant la caméra en montrant une paire de chaussures de football ; et, riant comme un fou, de s'exclamer : « Des Mercurial Vapor ! » Une trouvaille publicitaire de Nike, avec qui Mbappé vient de renouveler son contrat pour quelques zéros de plus. Un moyen efficace de faire le buzz qui ne plaît pas à tout le monde, tant et si bien que, dans une nouvelle vidéo, Kylian se justifie ainsi : « Ils me l'ont proposé, ça me semblait amusant et puis, on n'a fait de mal à personne. »

20 juillet : l'AS Monaco voit rouge. Dans un communiqué de presse officiel, il s'en prend à ces clubs de football européens qui « multiplient les contacts avec Kylian Mbappé et son entourage sans avoir l'autorisation du club ». Il menace de demander à la LFP et à la FIFA des sanctions disciplinaires contre les dirigeants qui enfreignent la règle. Un message qui s'adresse, d'après certains, au PSG, au Real Madrid et à Arsenal. Un signal fort, considèrent certains éditorialistes, indiquant que le club du Rocher tient à garder la main sur la nouvelle pépite du football français. Mais les choses ne sont pas tout à fait exactes. L'AS Monaco joue sur deux tableaux : d'un côté, il proclame qu'il veut prolonger le contrat de Kylian ; de l'autre, il négocie la vente du joueur avec le Real Madrid. En définitive, le communiqué ne serait pas adressé à la Casa Blanca, mais à Manchester City, disposé, selon les médias britanniques, à mettre sur la table 143 millions de livres sterling (160 millions d'euros).

Pep Guardiola, l'entraîneur catalan, aurait eu différentes conversations téléphoniques avec Kylian et son père. Il aurait fait miroiter au jeune homme la possibilité d'être titulaire avec le maillot des

Citizens ; il lui aurait parlé de sa philosophie du football et de ses plans de jeu et il aurait par ailleurs tenté de le convaincre de faire le même choix que ses coéquipiers Bernardo Silva et Benjamin Mendy. Mais les négociations avec le Real Madrid sont déjà bien avancées. Une réunion à la mi-juillet, entre Florentino Pérez et José Ángel Sánchez d'un côté, Dmitri Rybolovlev et Vadim Vasilyev de l'autre, aurait défini les contours du possible accord. Et le 26 juillet, *Marca* titre sur la jeune star en toute première page : « Principe d'accord pour Mbappé : 180 millions ». Le joueur français est en passe de devenir la recrue la plus chère de l'histoire du football ; dans les deux pages consacrées au scoop, le quotidien espagnol affirme qu'« une fois réglés les derniers détails, le jeune footballeur français va s'engager pour 6 ans et percevra chaque saison 7 millions d'euros net ». L'objectif des parties – le Real Madrid et l'attaquant lui-même – consiste à lui faire rejoindre dans les prochains jours l'équipe en tournée aux États-Unis. Le quotidien espagnol raconte que le Real Madrid aurait également envisagé la possibilité de conclure l'accord, mais de laisser Mbappé passer une saison supplémentaire à Monaco. Cependant, d'après *Marca*, le joueur, après plusieurs discussions avec Zidane et une rencontre à Paris avec Florentino Pérez, aurait décidé qu'il ne voulait pas perdre son temps : il se sent en effet capable, malgré la concurrence de la BBC, de se faire une place parmi les onze titulaires du Real.

« Je vous assure qu'à l'heure actuelle, il n'y a aucun accord passé avec le Real Madrid ni avec aucun autre club. » Le démenti de Vadim Vasilyev tombe

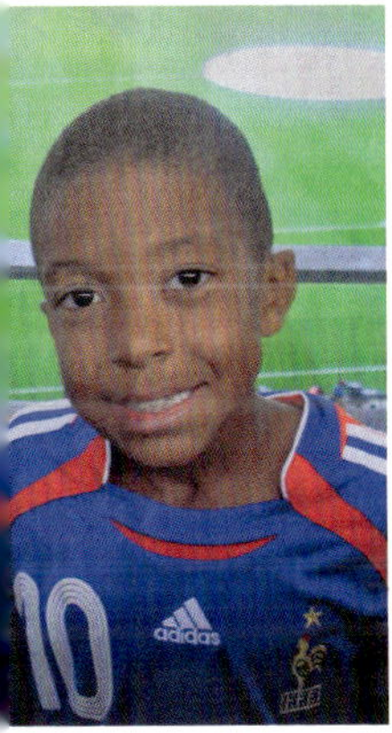

ıfant, Kylian porte
a le maillot de l'équipe
France, et notamment
ıi du numéro 10 :
édine Zidane.

▲ Fan de Cristiano Ronaldo, Mbappé intègre le centre de formation du club de l'AS Monaco à 14 ans et marche aujourd'hui dans ses pas.

► Kylian Mbappé et son père, Wilfried, un indéfectible soutien.

ormé par l'AS Monaco, Mbappé y évolua deux
en tant que professionnel entre 2015 et 2017.

▲ Mbappé a reçu le trophée UNFP du meilleur espoir de Ligue 1 de football en 2017.

◄ Sous les couleurs de l'AS Monaco, Kylian a joué 58 matchs, inscrit 27 buts e réalisé 16 passes décisives

► Mbappé accueilli en héros le 18 mai 2017 à Bondy, où il brandit le trophée de champion de France avec l'AS Monaco.

▼ Le 21 février 2017, Mbappé marque sur le terrain de Manchester City son premier but en Ligue des champions. Il inscrit 6 buts en 9 matchs dans la compétition en 2016-2017.

résentation officielle au Paris Saint-Germain
- Nasser Al-Khelaïfi le 6 septembre 2017.

▼ Mbappé et Neymar, deux grands joueurs au Paris Saint-Germain.

ylian laisse éclater sa joie après avoir marqué
ntre Lille au Parc des Princes le 9 décembre 2017.

◄ Mbappé marque le quatrième but lors de la finale de la Coupe du monde 2018 en Russie face à la Croatie (4-2). Il est désigné Meilleur jeune joueur de la Coupe avec quatre buts inscrits lors de la compétition.

▼ Le 15 juillet 2018, Mbappé devient à 19 ans et 207 jours le troisième plus jeune joueur à remporter la Coupe du monde derrière Pelé et Bergomi.

▲ 16/02/2021 Match Barcelone - PSG 1-4 (Ligue des champions)
Mbappé, supersonique, prend de vitesse Gérard Piqué qui accroche son maillot mais laisse filer le ballon. Symbole des Blaugrana dépassés par l'Armada parisienne.

dans la journée. Le vice-président de l'AS Monaco confirme qu'il a reçu des demandes de chaque partie, mais affirme qu'il n'y a aucun préaccord. Monaco parle ; le clan Mbappé reste silencieux. Il souhaite avant tout que Kylian s'exprime sur le terrain, comme le 29 juillet sur celui de Tanger, au stade Ibn-Batouta pour le trophée des champions 2017 mettant aux prises le champion de France, l'AS Monaco, au vainqueur de la Coupe de France, le Paris Saint-Germain. Devant, Mbappé fait équipe avec le capitaine Radamel Falcao. Durant les 45 premières minutes, le garçon se montre brillant. Il se voit refuser un but à cause d'un hors-jeu, réussit un tir repoussé par Marquinhos, fait parler sa pointe de vitesse et enchaîne les dribbles réussis. En seconde période, quand les Monégasques perdent le contrôle du ballon, il s'éteint peu à peu et cède sa place à Carrillo. À la 94e minute, le PSG célèbre son cinquième titre. L'homme du match est Dani Alves, le Brésilien récemment acheté par le PSG et qui a marqué cette rencontre de son empreinte grâce à un but spectaculaire sur coup franc et offert une passe décisive à Adrien Rabiot, ayant permis à l'équipe de gagner par 2-1.

3 août : le PSG officialise l'arrivée de Neymar Júnior. C'est le transfert le plus élevé de l'histoire du football : 222 millions d'euros. Le Brésilien a signé un contrat jusqu'au 30 juin 2022. Son salaire annuel avoisinera les 36 millions d'euros. Se termine une histoire incroyable, qui aura fait couler beaucoup d'encre et donné lieu à d'interminables commentaires sur les chaînes de télévision et les sites Internet. Un bref mais retentissant buzz, qui

aura occulté l'affaire Mbappé. Maintenant que l'ex-numéro 11 de Barcelone est arrivé dans la juridiction de Nasser Al-Khelaïfi, tout semble limpide pour les médias espagnols : le PSG ne peut désormais plus faire monter les enchères ; Manchester City et Arsenal ne sont plus dans la course… ce n'est qu'une question de jours avant que la pépite du foot français signe avec Madrid.

4 août : c'est le coup d'envoi de la saison 2017-2018 de Ligue 1. Monaco se présente avec une formation où brillent les absents : Mendy et Bernardo Silva sont partis à Manchester City, Bakayoko a rejoint Chelsea, Germain joue maintenant à Marseille, Diallo à Mayence, Jean à Toulouse, Dirar à Fenerbahçe. Parmi les nouvelles recrues, on retrouve Youri Tielemans, jeune milieu de terrain belge, et Terence Kongolo, défenseur hollandais qui arrive de Feyenoord. Le premier match du championnat a lieu contre Toulouse : une rencontre qui se solde par un score de 3-2 pour Monaco. Mbappé, qui arbore le numéro 10, quitte le terrain, victime d'un mauvais coup au genou gauche. Une belle frayeur mais rien de sérieux. Le lendemain, Kylian est à Manchester pour un événement organisé par un sponsor. Il prend un selfie avec Sané, tandis que Mendy, son vieil ami, plaisante sur le fait que Kylian puisse choisir les Citizens entraînés par Guardiola.

Au même moment, en France, Vasilyev assure que Mbappé « n'a jamais exprimé sa volonté de partir. Ce n'est pas une simple question d'argent, c'est plus compliqué que ça. Il faut que le joueur se positionne sur le projet sportif. Il est actuellement en train de réfléchir, c'est tout à fait normal ».

Côté espagnol, les choses se compliquent. Les quotidiens madrilènes avancent que les Monégasques exigent plus d'argent et une prime de 25 millions d'euros, au cas où Mbappé gagnerait le Ballon d'or sous le maillot blanc. Mais il ne s'agit pas que d'une question d'argent ; Zidane ne veut pas gérer quatre poids lourds en attaque, tels que Cristiano Ronaldo, Gareth Bale, Karim Benzema et Kylian Mbappé. Une situation qui pourrait être source de conflit dans le vestiaire. Il est vrai qu'Álvaro Morata est parti pour Chelsea, mais la situation reste délicate. En fait, Zizou considère possible l'arrivée de Mbappé seulement si Bale part en Angleterre.

10 août : deux sources s'accordent des deux côtés des Pyrénées : « Sauf retournement de la situation, nous sommes en mesure de vous confirmer que @KMbappe devrait être parisien », annonce Parisunited.net, un site de la capitale parisienne toujours bien renseigné. Et *Marca* de confirmer : « L'impossible est en passe de se concrétiser. Kylian Mbappé jouera au PSG. Affaire classée. » Mais que s'est-il passé ? Comment les choses ont-elles pu changer aussi rapidement ? Jean-François Suner, dit Fanfan, l'ami de la famille et l'un des premiers entraîneurs de Kylian à Bondy, explique en toute simplicité : « Quand Kylian a appris que Monaco s'était mis d'accord avec le Real dans son dos, il n'a pas du tout apprécié. Il a alors décidé de partir, mais là où il le souhaitait... Il ne voulait pas la faire à l'envers... Il a choisi alors Paris, qui était pour lui le seul club à lui assurer du temps de jeu. Le gamin, il aime jouer avant tout... Pas sûr que le Real pouvait lui promettre de jouer le Clásico.

Comme ils n'ont pas réussi à se séparer de Bale, il ne voulait pas prendre le risque d'être remplaçant... Il a choisi le PSG et attendu que les Parisiens se mettent d'accord avec Monaco. Cela s'est fait fin août, mais cela faisait une dizaine de jours que Kylian était certain de rejoindre le PSG. »

Oui, avant que le transfert soit officiel, vingt et un jours s'écouleront. Trois semaines pesantes pour Kylian et le clan Mbappé.

14
31 août 2017

Le match est terminé depuis un moment. L'équipe de France a largement battu les Pays-Bas 4-0. Et, grâce à la victoire rocambolesque de la Bulgarie contre la Suède (3-2), les Bleus reprennent la tête du groupe A et entrevoient leur qualification pour le Mondial de Russie en 2018. Au cœur du Stade de France, l'armada de journalistes de télévision, de radio et de presse écrite attend. La quasi-totalité des joueurs sont déjà passés en zone mixte sauf Thomas Lemar, retenu par un contrôle antidopage. Mais ce n'est pas lui qui fait l'objet de toutes les attentions. À minuit passé, peu après la clôture du marché d'été des transferts, voici Kylian, le plus attendu. Tee-shirt bleu de la sélection nationale, claquettes aux pieds et sourire aux lèvres, Kylian Mbappé s'offre aux médias. Les micros se tendent, les questions fusent de toutes parts :

« Avec ce premier but en équipe de France et cette signature officielle au Paris Saint-Germain, c'est une soirée de rêve pour vous ?

— C'est une grande journée, une belle signature, une belle victoire, un but. Une journée de rêve ? Oui, on s'en approche. Après, je ne sais pas ce qu'est typiquement une journée de rêve, mais c'est une très belle journée. On a fait un super match du début à la fin, avec la manière. Je pense que le public a pris du plaisir et nous aussi, donc tout le monde est content aujourd'hui. On est fier de réaliser ce genre de performance. Aujourd'hui, on s'impose contre une grande équipe. On espère continuer sur cette voie.

— Pourquoi avoir décidé de rejoindre le PSG ?

— C'est officiel, c'est un grand plaisir de rejoindre un club comme ça. C'est le projet idéal, selon moi, pour progresser et continuer à apprendre à haut niveau. Je vais être entouré de grands joueurs qui, pour la plupart, ont tout gagné au niveau national et même pour certains au niveau européen, donc j'ai beaucoup à apprendre et tout à prouver.

— Vous étiez courtisé par les plus grands clubs européens. Cela fait combien de temps que votre choix s'est porté sur le PSG ?

— Cela fait plusieurs semaines. Pourquoi le PSG ? Parce que c'était le projet qui me permettait de progresser, tout en jouant ; ce qui était mon principal critère.

— OK. C'est bon, merci. » Philippe Tournon, chef de presse de l'équipe de France, intervient. Entourant de son bras les épaules du garçon, il l'éloigne. Durant cette grande journée du 31 août 2017, les journalistes ne lâchent plus le numéro 20 des Bleus. Et lui, en bon communicant, ne se défile pas. Il est aux anges mais ne le montre pas trop. Loin de se laisser emporter par l'euphorie du moment, il conserve une attitude sereine, ainsi que son air malicieux. À une seule reprise, devant les micros, il semble tiquer, esquissant une grimace qui donne l'impression qu'il s'énerve. Alors qu'on lui demande : « Maintenant, vous êtes à fond dans le football ? », il réplique : « Non, j'ai toujours été à fond dans le football. C'est vous qui pensez que j'étais à fond dans autre chose. C'est au foot que je m'exprime le mieux ; tout ce que je sais faire, c'est jouer au ballon, et en plus, je m'amuse en le faisant. Ç'a été un vrai plaisir de retrouver le terrain. À force de rester sur le banc, j'avais des fourmis dans les jambes. »

C'est vrai car, depuis ces 74 minutes contre Toulouse, Kylian n'a plus eu le loisir de fouler le terrain. Le 13 août, contre Dijon, pour la deuxième journée du championnat, il a passé l'intégralité des 90 minutes sur le banc. Leonardo Jardim lui a préféré Adama Diakhaby. Et, en conférence de presse, l'entraîneur a expliqué ainsi son choix : « Ne pas le faire débuter, c'est la décision du club. Quand je parle du club, c'est de tout le club, ceux qui décident. » L'ordre de ne pas faire jouer le garçon viendrait des hautes sphères : du président Rybolovlev et du vice-président Vadim Vasilyev. Pourquoi une telle décision ? Parce que les rapports entre le clan Mbappé et les dirigeants du club du Rocher se sont extrêmement tendus depuis que le choix de Kylian pour le PSG a été rendu public. Aux révélations de Parisunited.net et de *Marca* s'est ajoutée la une de *L'Équipe* du 11 août. Une grande photo de Kylian, les bras croisés, toisant le nouveau numéro 10 du club parisien. En gros titre : « Mbappé veut jouer avec Neymar ». Accroche : « L'arrivée du Brésilien et les très grandes ambitions du PSG en Ligue des champions ont fini de convaincre le prodige monégasque : il souhaite rejoindre la capitale. La perspective d'un nouveau transfert à environ 180 millions d'euros irrite passablement les autres clubs européens. » Dans l'article, on apprend que le clan Mbappé, après avoir attendu en vain une contre-offre du FC Barcelone, aurait porté son choix sur le PSG plutôt que sur les autres clubs en lice – le Real Madrid et Manchester City (Liverpool et Arsenal s'étaient retirés depuis longtemps) – et fait part à l'AS Monaco de la décision de Kylian d'aller jouer dans la capitale. Évidemment, la perspective de venir renforcer les rangs d'un adversaire direct ne fait pas l'unanimité auprès des dirigeants monégasques. Mais, peu importe la manière d'aborder les choses, qu'ils le veuillent ou non, ils devront négocier avec l'équipe parisienne, car on prétend que Wilfried et Antero Henrique, directeur sportif du PSG, auraient trouvé un accord de principe sur la base d'un contrat de cinq ans et d'une rémunération annuelle brute de 18 millions d'euros, c'est-à-dire le deuxième plus gros salaire de Ligue 1 derrière celui de Neymar. Une belle plus-value par rapport aux 700 000 euros mensuels que lui aurait offerts Monaco et aux 6 millions d'euros annuels proposés par le Real Madrid. Mbappé père a également été rassuré quant au fair-play financier : il était inquiet des sanctions éventuelles de l'UEFA, telles qu'une radiation de la Coupe d'Europe, par exemple, en raison d'une campagne d'acquisition exorbitante et sans précédent. Mais Antero Henrique l'a tranquillisé en lui garantissant que le PSG avait les moyens financiers de faire face à une nouvelle transaction de plusieurs millions d'euros.

En résumé, le clan Mbappé est convaincu de prendre le chemin de la capitale, mais les dirigeants monégasques ne partagent pas le même avis. Par conséquent, ils décident en premier lieu de sanctionner le jeune homme, qui ne veut en faire qu'à sa tête. Encore une fois, c'est Jardim qui devra fournir des explications en conférence de presse : il le fera le 16 août, deux jours avant le match à Metz : « On n'a jamais eu l'habitude de punir notre joueur. Ce n'est pas le mot adapté. C'est plutôt pour le protéger. Avec toutes ces choses autour d'un gamin de 18 ans, c'est notre responsabilité de le protéger de l'orage autour de lui », déclare l'entraîneur portugais. Et, tourné vers les journalistes, il ajoute : « Kylian n'est pas à 100 %, il n'est pas en forme en ce moment. C'est normal, si un autre journal vous propose quinze fois votre salaire, vous taperez moins bien sur votre ordinateur. »

C'est donc dans le but de protéger son numéro 29 d'une tempête médiatique qu'il ne le convoque pas pour le match contre les Grenats. Par ailleurs, selon certains médias, une bagarre serait survenue pendant l'entraînement entre Kylian et Andrea Raggi, provoquant l'exclusion de l'attaquant. Que le jeune Bondynois soit nerveux, c'est indiscutable. La raison est simple : il ne peut pas faire ce qu'il aime le plus – jouer au ballon –, son entraîneur le critique ouvertement devant ses coéquipiers ; de plus, il subit les événements alors que, comme l'explique Pierre Mbappé, Kylian aime opérer ses propres choix de vie.

27 août, autre coup de blues : du banc, Kylian assiste à la défaite écrasante 6-1 qu'infligent ses équipiers à l'OM sans même y prendre part.

28 août : Mbappé, convoqué en équipe de France pour les deux matchs de qualification au Mondial, arrive à Clairefontaine. Didier Deschamps assure que le garçon a le moral et, malgré les rumeurs du mercato, qu'il est concentré sur le match avec les Bleus. Une réponse à tous ceux qui se demandent ce que Kylian fait en équipe de France, vu qu'il n'a quasiment pas joué depuis un mois. Manifestement, le sélectionneur se garde bien de fournir la moindre information sur le possible transfert de Kylian au PSG : « Kylian Mbappé, dit-il, est encore aujourd'hui un joueur de Monaco. » Mais, sans le vouloir, il confirme que la transaction aura lieu : « L'avenir nous le dira, s'il a fait un bon choix, mais c'est son choix, ça, vous le savez. Après, qu'il ne se sente pas prêt pour aller à l'étranger, c'est son ressenti, son analyse. Il sort de six mois extraordinaires à Monaco, qu'il ait besoin d'un peu plus de temps pour confirmer… Vous n'allez pas vous plaindre qu'il reste en France. Il change de club, mais il reste en Ligue 1. »

Dommage que tout ne soit pas dit, que tout ne soit pas fait. Monaco traite avec le PSG et, dans un premier temps, accepte les propositions du club parisien, pour ensuite renégocier et opposer finalement son refus au transfert. Tant et si bien que, dans la nuit du 30 au 31 août, aux dernières heures du marché des transferts, aucun accord ne semble trouvé.

À la vente aux enchères pour le jeune Bondynois se représente le FC Barcelone, qui a intégré dans sa formation Ousmane Dembélé, mais sans être parvenu à conclure encore l'acquisition de Philippe Coutinho. Selon *L'Équipe*, un jet privé attend le clan Mbappé au Bourget pour s'envoler vers Ciudad Condal, afin d'y conclure l'éventuel accord. Mais au final, rien ne se fait.

Le 31 août 2017, à 18 h 30, sur le site du club de la principauté, apparaît une photo de Kylian assortie de cette légende : « L'AS Monaco souhaite le meilleur pour la suite à @KMbappe qui rejoint le @PSG_inside ! #MerciKylian. » Une minute après, c'est au tour du club parisien : « Le Paris Saint-Germain est heureux d'annoncer la signature de Kylian Mbappé ! Bienvenue, Kylian. »

La pépite du football français, au bout de quatre ans, presque deux saisons en tant que professionnel, 58 matchs disputés, 27 buts marqués et 16 passes décisives, fait ses adieux à la principauté. Il arrive à Paris sur la base d'un prêt d'un an, assorti d'une option d'achat de 180 millions d'euros. Une opération qui permet au PSG d'échapper au fair-play financier, qui serait risqué après les 222 millions déboursés pour Neymar. Mbappé signe un contrat qui le lie au club parisien jusqu'au 30 juin 2022. C'est le deuxième joueur le plus cher de l'histoire du football derrière son coéquipier brésilien Neymar, et le transfert le plus coûteux jamais réalisé entre deux clubs français.

À 22 h 17, Kylian Mbappé entre sur le terrain à la place d'Olivier Giroud. C'est la 75ᵉ minute de jeu et la France mène 2-0 face aux Pays-Bas, grâce à un but d'Antoine Griezmann et à un autre de Thomas Lemar. À peine deux minutes se sont écoulées et la recrue du PSG tente de marquer sur une action de Layvin Kurzawa. Il est déchaîné, il a envie de jouer, et ça se voit… Chaque fois qu'il se lance dans un slalom, il sème la panique au sein de la défense adverse, réduite à dix joueurs après l'expulsion de Kevin Strootman.

À 22 h 32, à la 91e minute du match, le score est de 3-0, lorsque Mbappé marque son tout premier but avec le maillot bleu – le quatrième et dernier de cette rencontre. Une accélération dévastatrice sur le côté droit, un gardien hollandais désemparé ne sachant plus où regarder, un une-deux entre Kylian et son ancien coéquipier Djibril Sidibé, et c'est le coup de grâce, sur la droite, pour Jasper Cillessen. Dès sa cinquième sélection et sur son septième tir, Kylian est déjà buteur. Il peut se diriger vers les tribunes pour prendre sa pose habituelle : bras croisés sur le torse et mains sous les aisselles. Il devient le plus jeune buteur de l'histoire de l'équipe de France après Georges Lech, le joueur du RC Lens qui, le 11 novembre 1963, du haut de ses 18 ans et 5 mois (Kylian a 18 ans et 8 mois), avait marqué contre la Suisse son premier but en bleu. Ce jeudi 31 août 2017 restera une journée à part dans la carrière de Kylian Mbappé.

Il n'en sera pas de même le dimanche 3 septembre. À Toulouse, lors du match qui l'oppose à la modeste équipe du Luxembourg, l'équipe de France a la possession du ballon pendant 76 % du match, totalise 34 tirs et 635 passes réussies ; pourtant, la rencontre se termine sur un simple match nul. Un score auquel personne ne s'attendait après la victoire éclatante contre les Pays Bas et sûrement pas Kylian, titulaire, couloir droit, au sein du 4-4-2 mis en place par Didier Deschamps. Ce n'est pas sa position habituelle et, de fait, il finit par osciller vers la gauche et le centre en marchant sur les pieds de ses partenaires de jeu. Malgré tout, il se révèle l'attaquant le plus redoutable des Bleus dès les premiers instants du match. À la 12e minute, il offre une excellente passe à Griezmann qui tire dans les tribunes ; il se fait également remarquer par ses accélérations à la 18e et à la 22e minute. Il reste sur le terrain jusqu'à la 59e minute quand Deschamps décide de le remplacer par Kingsley Coman. Les commentaires sont d'ailleurs plutôt positifs lorsqu'il s'agit d'analyser la prestation du numéro 20. Pour beaucoup, il a été le meilleur avec Lemar. Dommage pour le score. Et pour la France qui devra attendre de battre la Biélorussie le 10 octobre, pour décrocher son billet d'entrée pour le Mondial 2018.

Trois jours après la contre-performance de l'équipe de France à Toulouse, Kylian Mbappé est couronné à Paris. Pour la présentation officielle de la nouvelle recrue du PSG, la salle de conférence du PSG est bondée, presque autant que pour Neymar. Nasser Al-Khelaïfi, le président du club, introduit Kylian : « Bonjour à tous, je suis très heureux d'être avec vous, c'est une grande journée pour nous. Nous sommes très heureux de vous présenter Kylian Mbappé, notre dernière recrue. C'est un magnifique moment pour le club, pour la Ligue 1 et pour tous les clubs français. Il a seulement 18 ans, mais le monde entier le connaît déjà. Il était impossible pour moi qu'il ne reste pas en France, car Kylian a déjà un grand talent et il est un grand espoir de France. » Après avoir marqué une pause, Al-Khelaïfi reprend son discours tandis qu'à l'écran apparaissent deux photos de Kylian enfant, en visite au Parc des Princes : « Les gens ne savent pas pourquoi Kylian a choisi Paris, peut-être qu'ils sauront en regardant les photos ci-dessus. Il était sur la même chaise, ici, parce que Paris, c'est sa ville et le PSG est son club de cœur. Kylian, bienvenue chez toi, bienvenue à Paris, au PSG et au Parc. »

C'est au tour du garçon qui valait 180 millions d'euros.Costume bleu, chemise blanche, cravate noire, une tenue élégante et formelle pour Kylian, semblable à celle du président, si ce n'est que le nœud de cravate n'est pas vraiment parfait. Les mains croisées et la posture bien droite devant le micro, le jeune homme se lance dans un monologue : « Bonjour à tous. Comme vous le savez, c'est un grand plaisir pour moi de rejoindre le PSG, l'un des meilleurs clubs du monde, un club extrêmement ambitieux, qui souhaite devenir le meilleur et qui ne se contente pas seulement de le vouloir, qui met tous les ingrédients de son côté pour pouvoir mettre en place son projet, qui est plus que solide, et c'est ce qui m'a séduit. Pour moi, c'est important aussi de ne pas quitter la France après seulement six mois de haut niveau. C'était important aussi de rentrer chez moi, dans la ville où je suis né et où j'ai grandi. Avec le PSG, avec beaucoup de travail, de respect et d'humilité, on pourra atteindre nos objectifs et ce rêve qui anime tout le club, la Champions League.

Je suis très heureux et je vous remercie tous d'être présents. »

Suivent les remerciements à la famille, aux avocats du PSG qui ont permis au transfert de Kylian de devenir réalité. Puis viennent les questions des journalistes. La première : « À la fin de la saison dernière, on avait l'impression que vous vouliez rester un an de plus à Monaco. Qu'est-ce qui a changé pour qu'aujourd'hui, vous soyez ici, devant nous ? » « Pour être honnête avec vous, lorsque je finis ma saison en mai sur le titre de champion, j'étais bien sûr dans l'optique de rester. Lorsque j'ai discuté avec le président au tout départ, j'avais donné ma priorité à Monaco. Je l'avais rencontré, mais je lui avais dit que ma priorité était de rester. Il s'est passé certains événements qui ont fait que j'ai changé beaucoup de position. Ce qui s'est passé est simple, mais ce n'est ni l'endroit ni le moment pour le faire. Je parlerai de tout ça en temps voulu. Je sais que beaucoup de gens attendent et ont des interrogations, ce qui est compréhensible car c'est un sujet qui a animé tout l'été, mais j'en parlerai très bientôt pour expliquer tout ce qui s'est passé. On s'est ensuite beaucoup concertés avec ma famille sur mon avenir et j'ai pris la décision de rejoindre le PSG. Je pense que c'est le meilleur choix pour moi parce que c'était le projet qui allait me permettre de me développer et de pouvoir apprendre tout en gagnant. C'est bien beau d'apprendre, mais il faut gagner. On n'a qu'une carrière et cela passe vite. Je suis un affamé de titres, un compétiteur qui veut gagner année après année, jour après jour, donc je voulais apprendre, continuer à apprendre, mais je veux gagner, et dès maintenant. »

Le nombre de mains levées dans le public ne cesse d'augmenter, de toutes parts fusent des questions sur Unai Emery, sur Neymar et l'impact qu'a eu son arrivée au sein du PSG, sur la décision de la jeune recrue et ses ambitions pour la nouvelle saison, sur son degré de préparation pour affronter la pression. Des questions de tout type et, naturellement, concernant l'aspect financier et les 180 millions évoqués pour son transfert : « Cette question revient souvent et j'ai toujours la même réponse : ce n'est pas moi qui gère tout, ce n'est pas mon métier, donc ce n'est pas quelque chose qui me regarde. Le prix est anecdotique pour moi, cela ne va pas changer ma manière de vivre, de penser et encore moins de jouer. L'argent ne va pas dans ma poche et il n'en est pas sorti non plus. Ce n'est pas quelque chose qui va me tracasser, je vais sur le terrain et, au contraire, jouer avec des joueurs comme ça va vraiment me libérer et je prendrai encore plus de plaisir. »

Alors que la conférence de presse touche à sa fin, les questions deviennent plus légères : sa mère l'accompagnera-t-elle encore aux entraînements ? « Non, là, il y a un chauffeur que le club a mis à disposition. » Retournera-t-il vivre avec Papa et Maman ? « Pour l'instant, je suis à l'hôtel, mais on va trouver une maison pour toute la famille. Ce sera une maison familiale, pas seulement avec Papa et Maman. »

Depuis le début de la conférence, vingt et une minutes se sont écoulées ; Kylian parle du Parc des Princes où il allait souvent quand il avait de l'argent de poche pour se payer l'entrée, ou quand son frère Jirès Kembo jouait contre le PSG...

Finalement, l'attaché de presse met fin à la discussion en rappelant que le président et le joueur sont attendus sur la pelouse pour la photo officielle.

D'abord, à côté de Nasser Al-Khelaïfi, le maillot 29 du PSG bien en évidence. Seul, puis avec Wilfried et Ethan. Enfin, avec son père, son frère, son oncle Pierre et son petit cousin. Et après la photo, le défilé sur le tapis rouge à l'entrée du stade pour saluer les supporters. L'écharpe « Ici, c'est Paris » brandie en l'air, les poignées de main, les autographes, les photos, les hochements de tête en signe de reconnaissance, les sautillements : « Mbappé allez, allez, allez ! » chantent les ultras. Kylian, en showman, joue le jeu.

15

Donatello

Tout est la faute de Presnel Kimpembe. C'est lui qui a commencé. Entre deux éclats de rire, dans le car de l'équipe, le défenseur de Beaumont-sur-Oise fait la paire. Cheveux noirs coupés ras, un casque sur les oreilles, un air sympathique... ça ne peut que fonctionner. Et après lui, tous commencent à appeler Kylian « Donatello », de Dani Alves à Neymar, en passant par le capitaine Thiago Silva qui, quelques temps plus tard, va lui réserver une surprise : dans une luxueuse boîte Dior, il a placé un masque de Donatello, l'une des quatre Tortues Ninja – *comics* créé en 1984 par Mirage Studios, puis devenu un dessin animé, avant d'être adapté au cinéma. Il convient de rappeler que Donatello, tortue au masque violet, et maître dans l'art de manier le *bō* (bâton en bois utilisé en ju-jitsu, art martial japonais), est l'intellectuel de la fratrie qui compte Michelangelo, Raphael et Leonardo. Et, comme eux, il aime se goinfrer continuellement de pizzas.

Kylian s'est vu baptiser « Donatello » dès son arrivée au PSG : « C'est parce qu'il ressemble un peu à une tortue qu'on lui a donné ce surnom », explique Adrien Rabiot. « C'est gentil, il l'a bien pris », ajoute le numéro 25 du Paris Saint-Germain. À vrai dire, Mbappé ne semble pas vraiment satisfait du sobriquet dont ils l'ont affublé, mais c'est vrai, il le prend bien : « C'est un surnom qui m'a fait rire. C'est un signe d'amitié et ça aide, dans le vestiaire, à dépasser les tensions des matchs. »

Le refrain « Donatello ! Donatello ! » résonne haut et fort le soir du 7 septembre, à la veille du match de championnat contre Metz et juste avant les débuts de Kylian sous les couleurs du club. Pendant que l'équipe dîne, les images d'un match de handball défilent sur grand écran dans l'indifférence générale. Ils crient tous, car Donatello est en train de réciter son discours ; il s'agit en fait du traditionnel bizutage de vestiaire auquel on soumet toute nouvelle recrue. Un bizutage, comme au service militaire ou en première année d'université ; un vestige du passé, un rite de passage qui perdure.

Encouragé par ses nouveaux partenaires, le garçon de Bondy en survêtement rouge monte sur une chaise au bout de la petite table, une bouteille d'eau minérale à la main en guise de micro, et prend la parole : « Je me présente, je m'appelle Kylian. J'ai 18 ans, je suis un nouveau joueur. » Étape suivante : la chanson. Le nouveau numéro 29 du PSG entonne *C'est plus l'heure* de Mr Franglish, Dadju et Vegeta, comme il l'avait fait lors de son arrivée en équipe de France. À présent, c'est un pro ! Et le refrain

« *Après l'heure, c'est plus l'heure.*

J'ai demandé ta main
tu me l'as pas donnée
Grosse erreur.
J'aurais pu devenir un homme qui t'a tout donné »

Il le connaît par cœur.

L'interprétation... allez savoir ce qu'en penserait Mr Franglish, le rappeur originaire du XXe arrondissement de Paris. Il suffit de voir l'attitude de Dani Alves pour en déduire la piètre qualité de la performance, même si des applaudissements nourris, des cris et des tapes sur la table viennent refermer sa prestation. Marco Verratti, l'Italien du groupe, amusé par ce spectacle, poste la vidéo sur Twitter à 21 h 46. Le lendemain, 8 septembre 2017, au stade Saint-Symphorien de Metz, Kylian offrira une bien meilleure prestation.

À 20 h 05, il sort du tunnel des vestiaires en survêtement bleu et short jaune, accompagné des sifflets du public messin. Neymar Júnior le précède. Monsieur 222 millions a atterri en France deux jours plus tôt, après avoir honoré ses engagements avec la sélection auriverde contre l'Équateur et la Colombie. Sa présence en tant que numéro 10 est restée incertaine jusqu'au dernier moment. Le Brésilien a tout de même trouvé le temps de poster juste avant la rencontre un selfie réalisé avec Kylian sur le tarmac de l'aéroport. Sur le cliché, le jeune Bondynois, écouteurs sur les oreilles et sourire aux lèvres, désigne son coéquipier pendant que Ney fait son show en mimant un surfeur. De quoi imaginer une belle entente déjà entre Neymar et Mbappé. Elle se vérifiera un peu plus tard sur le terrain. Ballon au pied, le numéro 29 du PSG commence l'échauffement au milieu de ses coéquipiers. Il s'est très peu entraîné avec eux : cela fait seulement six jours qu'il a intégré le club et, compte tenu des engagements internationaux de chacun, il n'a croisé Ney et Cavani qu'une fois ou deux seulement sur le terrain. Bref, les automatismes restent tous à trouver ; en tout cas il n'est pas difficile d'imaginer l'énorme pression, l'excitation que ce premier match avec les Parisiens représente pour le jeune Bondynois. Il sait que sa prestation sera scrutée à la loupe, analysée minute après minute, action après action, dans les moindres détails ; les kilomètres parcourus, les passes réussies et les passes ratées. Tous, journalistes et supporters, veulent s'assurer que le jeune homme de 18 ans vaut vraiment son prix et qu'il se montrera à la hauteur du numéro 10 et du « Matador ». Mais Kylian a toujours été un garçon déterminé : « Je me suis dit que, dès le premier match, il allait falloir marquer les esprits. Et c'est ce que j'ai fait. C'était important d'embarquer d'entrée les gens avec moi », confiera-t-il quelques mois plus tard à *France Football*.

Le coup d'envoi du match Metz-PSG, quatrième journée du championnat, est donné à 20 h 45. Unai Emery aligne une équipe dotée d'une attaque en or massif : Edinson Cavani joue avant-centre, Kylian Mbappé occupe le poste d'ailier gauche, Neymar, celui d'ailier droit. Ce sont les grands débuts du trio à 466 millions d'euros. Et cela sans compter Julian Draxler, le joueur allemand qui vaut 45 millions d'euros et Angel Di Maria, recruté en 2015 pour 63 millions d'euros à Manchester United.

Les Parisiens jouent contre la lanterne rouge de la Ligue 1 : Metz n'a pas encore gagné un match.

Mbappé, de son côté, a le souvenir d'un *hat-trick* qu'il a infligé aux Messins la saison précédente, quand il jouait encore à Monaco.

C'est parti ! À la troisième minute, Kylian virevolte le long de la ligne blanche à gauche, essaie de dépasser deux adversaires, mais le numéro 25 de Metz prend le dessus. À la sixième minute, double une-deux dans la surface entre Neymar et Mbappé, mais la dernière passe est interceptée. À la 14e minute, un autre bel échange entre le Brésilien et le Français, extrêmement rapide, s'avère payant. Ce n'est que le début d'une longue série de combinaisons entre les deux nouveaux compagnons. La défense adverse passe un très sale moment. Au terme des 90 minutes de jeu, Neymar et Mbappé se seront passés le ballon 36 fois. Leur relation est la plus prolifique du match. De bon augure pour l'avenir. À la 31e minute arrive le but tant attendu. Neymar ouvre pour Mbappé et Cavani. Les deux joueurs sont sur le ballon, mais le premier, hiérarchie oblige, laisse à son coéquipier l'honneur de contrôler et d'ouvrir le score. C'est le septième but de la saison pour « le Matador », qui s'empresse d'étreindre son nouveau coéquipier pour saluer l'élégance de son geste. À la 33e minute, Kylian fait une très belle passe du talon à Edinson, mais cette fois Kawashima, le gardien de Metz, ne se laisse pas surprendre. Une minute passe et Kylian recommence : il s'enfonce sur le couloir gauche et adresse un magnifique centre vers la tête de l'Uruguayen qui, en toute liberté, frappe le ballon. Le but semble marqué, mais Kawashima s'élance pour parer le tir. À la 35e minute, Neymar, dans la surface, remet au centre depuis l'aile droite ; coup de tête du numéro 29, la balle se retrouve très loin des poteaux de Metz. Puis l'équipe locale égalise : Mathieu Dossevi centre pour Emmanuel Rivière qui, depuis l'aile opposée, reprend rageusement et trompe Alphonse Areola. 1-1, scénario inattendu.

Avant le repos, le duo Mbappé-Neymar réplique par un contre foudroyant. Au milieu du terrain, Kylian a l'espace pour courir ; il accélère à loisir, conduit le ballon et le numéro 10 s'engouffre à gauche, décochant un tir croisé et précis, que Kawashima arrive cependant à dévier du bout des doigts. La seconde période commence sur un coup de tête d'Areola, une pure folie. Sur une passe en retrait de Marquinhos, le gardien du PSG, au lieu de passer le ballon au pied à Kimpembe, décide de lui envoyer de la tête. Rivière récupère le ballon mais l'attaquant manque complètement sa frappe et envoie le ballon dans les tribunes. Puis Benoît Assou-Ekotto se fait exclure pour un mauvais tacle sur Mbappé, qui s'est écroulé en pleine course sur l'aile droite. Le jeune Bondynois roule sur la pelouse, mais pourra finalement reprendre le jeu. Le FC Metz se retrouve à dix et sans entraîneur, Philippe Hinschberger ayant été lui aussi expulsé. Le match change de physionomie. Le PSG reprend le contrôle du ballon et Kylian fait mouche. On est à la 59e minute. Le ballon revient dans les pieds de Kylian. Il effectue une reprise de volée à ras de terre et marque. Le PSG mène alors par 2-1. Bras croisés sous les aisselles, au milieu de la pelouse, la pépite du football français célèbre son premier but en jaune. Cavani saute sur ses épaules. Neymar le prend dans ses bras et Kylian le soulève. Mais ce n'est pas fini, à la 61e minute, Neymar, seul dans la surface de réparation, temporise, attend l'arrivée du numéro 29, et lui délivre une passe en or. Le garçon tire, c'est le but assuré ! Alors que Kawashima se croit battu, Niakhaté sauve sur sa ligne. Neymar slalome à toute vitesse. Sur une passe de Rabiot, il effectue, en bout de course, un tir insaisissable. 3-1. Il reste encore du temps ; Kylian, sans le vouloir, offre une parfaite passe décisive à Cavani pour qu'il inscrive un nouveau but. À la réception d'un centre venu de la gauche, qui passe entre les jambes d'un défenseur et heurte le bras de Mbappé, l'Uruguayen, qui a suivi l'action, parvient, du bout des pieds à envoyer le ballon au fond des filets. Lucas Moura inscrira le tout dernier but, à la 87e minute. Le score final de 5-1 marque la cinquième victoire en championnat du PSG et les débuts prometteurs de la dernière recrue de l'équipe, qui commente ainsi sa prestation au micro de Canal+ : « C'était un beau but, pour un premier. Je voulais faire une passe à Ney, le défenseur intercepte, j'ai un temps d'avance sur mon adversaire et je la place en force. J'ai toujours dit que je voulais jouer avec de grands joueurs. Aujourd'hui, j'évolue avec ce qui se fait de mieux dans le championnat et peut-être en Europe. J'apprends de leurs déplacements et de leur professionnalisme pour faire de mon mieux. Tout ce que je voulais, c'était être sur le terrain, le coach a pris cette décision. J'ai pris du plaisir aujourd'hui. Je suis heureux, je suis content de ce que j'ai fait. »

Ses nouveaux coéquipiers se réjouissent eux aussi. Le post de Kimpembe sur Instagram offre un joli clin d'œil : « Félicitations pour ton premier but ! Donatello a encore frappé. Tu as le droit à ta pizza en récompense. »

16
MCN

Trois questions s'imposent d'emblée. La première, la plus futile et la plus amusante : comment convient-il d'appeler ces trois-là ? Comment qualifier ce trio magique ? Quel serait le terme adéquat pour désigner la nouvelle force de frappe du PSG ? Comment surnommer Neymar, Cavani et Mbappé ? Comment choisir le sigle parfait pour une attaque explosive ? Dès l'instant où Kylian arrive au PSG, on planche sur cette question – pour plaisanter ou plus sérieusement – en commençant par *L'Équipe*. « MCN » est la solution toute trouvée, qui s'inscrit dans la lignée des derniers trios : la BBC madrilène – formée par Bale, Benzema et Cristiano Ronaldo –, ou la MSN blaugrana (Messi, Suárez, Neymar). Bien sûr, l'acronyme ne produit pas le même effet que BBC ou MSN, qui évoquent des réseaux anglo-saxons. MCN signifie Maritime Campus Netherlands et Montage Cable Network, une chaîne de télévision africaine. En bref, pas tellement bling-bling. Reste l'option « KEN » : les initiales de deux prénoms et d'un nom de famille qui évoquent immédiatement Ken, l'éternel fiancé de Barbie, la poupée créée par Mattel. Au-delà de simples acronymes, la fantaisie ne connaît aucune limite. Étant donné que Mbappé s'est vu attribuer le surnom de Donatello, quelqu'un propose de baptiser les trois héros comme les Tortues Ninja. Mais ces dernières sont quatre et puis, à part Kylian, les deux autres ne ressemblent pas vraiment à Michelangelo, Raphael et Leonardo. Vu qu'on est en France – et à Paris, de surcroît –, un autre a l'idée de redonner vie à Alexandre Dumas père et à ses Trois Mousquetaires. Quid de d'Artagnan ? Sans compter que, dans le sport français, ce surnom a déjà été utilisé – et avec succès : il suffit de se rappeler Jean Borotra, Jacques Brugnon, Henri Cochet et René Lacoste, « les Quatre Mousquetaires » qui, entre 1920 et 1930, remportèrent six fois la Coupe Davis. Entre surnoms sérieux et idées facétieuses, les propositions jaillissent de toutes parts : le Trio infernal, les Chevaliers de l'Apocalypse, les Trois Ténors, 9-10-29, le Trident de rêve, la Très Sainte Trinité… mais on retiendra finalement l'acronyme MCN, simple référence aux trois noms de famille : Mbappé-Cavani-Neymar.

Passons à la deuxième question, sérieuse celle-ci : le trio MCN rassemble-t-il les meilleurs attaquants actuels ? Après seulement six matchs disputés, la réponse ne peut être que oui.

Voyons en détail comment se passent les choses entre le championnat et la Champions League. Contre Metz (5-1), ils apparaissent tous les trois ensemble et ont marqué trois buts (deux pour

Cavani, un pour Mbappé). Le 12 septembre, sur la pelouse du Celtic Park de Glasgow, ils font leurs débuts en phase de groupe de la Ligue des champions ; le pouvoir exercé par les trois est spectaculaire. Les joueurs écossais, aux maillots rayés vert et blanc, subissent la plus cuisante défaite à domicile jamais vue dans un championnat européen. Ils encaissent cinq buts. Neymar ouvre le bal, Kylian signe son second but avec le PSG, reprenant un coup de tête du numéro 10. Cavani en ajoute deux autres, d'abord sur un penalty, puis sur un coup de tête. Alors que le score est de 4-0, le Suédois Mikael Lustig marque un but contre son camp. En deux matchs, la MCN a marqué six buts. Le 17 septembre, en championnat contre l'Olympique lyonnais, premier adversaire de taille, aucun des trois ne marque. Cependant, grâce à Marcelo et à Jérémy Morel, le PSG s'impose par 2 à 0 aidé par deux buts contre son camp. Le premier à la 75ᵉ minute, Marcelo trompe son gardien sur un centre dévié par Cavani ; le second à la 86ᵉ minute, Morel envoie le ballon au fond des filets de son équipe, sur un tir de Mbappé qui rebondit entre sa jambe et le pied d'Anthony Lopes. Pour information, il faut se souvenir que « le Matador » manque le penalty obtenu par Kylian.

Le 23 septembre, à Montpellier, Neymar, blessé, ne joue pas la rencontre qui se solde par un match nul (0-0). Après six victoires consécutives, c'est le premier match nul des Parisiens qui se refont une santé quatre jours plus tard, le mercredi 27 septembre, au Parc des Princes. L'adversaire est un grand d'Europe : le Bayern Munich de Thomas

Müller, Robert Lewandowski et James Rodriguez. Sur le banc, un habitué de la Ligue des champions : Carlo Ancelotti. Pour le trio du PSG, c'est l'épreuve du feu, le test par excellence. Au bout de deux minutes, les Bavarois sont déjà dépassés. Neymar arrive par la gauche, s'engage sur la surface de réparation, attirant à lui une nuée d'adversaires, qui laissent ainsi le côté droit à découvert. Alves, servi à la perfection par le numéro 10, inflige un petit pont à Ulreich (1-0). À la 31e minute, Mbappé court sur la gauche, entre dans la surface ; deux adversaires le talonnent, mais Kylian remet subtilement le ballon en retrait à Cavani, qui place une frappe imparable sous la barre. C'est le tandem Mbappé-Neymar qui se charge de parachever l'action. Le numéro 29 prend les devants : il feinte deux joueurs bavarois et, devant le gardien sorti de ses cages, se décide à centrer. Les défenseurs restent figés ; Neymar surgit et marque (3-0).

On commence à redouter le trio MCN en Europe. Et en France aussi. Il suffit de voir comment le PSG maltraite les Girondins de Bordeaux, troisièmes en Ligue 1 et invaincus. Le 30 septembre, ils prennent six buts et n'en marquent que deux. Le festival commence par un très joli coup franc qui passe juste sous la barre transversale. Signé Neymar. À la 12e minute, Mbappé talonne pour Neymar qui transmet au Matador : 2-0. Le troisième but est inscrit par Thomas Meunier. Les Girondins se réveillent et réduisent l'écart (3-1) mais Neymar, sur un penalty, redonne un peu d'air à son équipe. Puis Julian Draxler marque. À la mi-temps, le score est de 5 à 1. C'est la première fois que le PSG inscrit autant de buts en première période. Le sixième est signé Kylian, qui le dédie à Benjamin Mendy, son ancien coéquipier à Monaco, victime d'une vilaine blessure (rupture des ligaments croisés du genou) quelques jours plus tôt, contre Crystal Palace. Il inscrit là son deuxième but en championnat avec le PSG ; il le célèbre, pouce et majeur vers le ciel, en rendant hommage à son ami privé de ballon.

À ce stade de l'histoire, il suffit de faire un point sur les statistiques pour s'apercevoir qu'avec 14 buts et 6 passes décisives, la MCN devance le trio le plus renommé des derniers temps : la MSN. Messi, Suárez et Neymar, qui jouèrent pour la première fois ensemble lors de la saison 2014-2015, battront tous les records possibles pendant cette saison. Pourtant, après six matchs – quatre en championnat et deux en Champions League (Ajax et APOEL Nicosie) –, ils ne comptabiliseront « que » 12 buts et 6 passes décisives.

Pour Mbappé, Cavani et Neymar, la montée en puissance se poursuit. En déplacement le 14 octobre pour affronter Dijon, le PSG s'impose, dans la douleur, par 2 à 1, grâce à un doublé de Thomas Meunier. Cavani est absent, Neymar se montre très discret et Mbappé voit ses deux tentatives captées par le gardien Baptiste Reynet. Les trois superstars se rattrapent en Ligue des champions, contre les Belges d'Anderlecht. Au bout de 160 secondes de jeu, Verratti adresse une passe décisive à Kylian qui inscrit son huitième but en douze matchs de Champions League. Plus que prometteur pour un si jeune joueur. Seuls des phénomènes comme Karim Benzema, Radamel Falcao et Edinson Cavani avaient déjà signé une telle performance. À la fin de la première mi-temps, nouvelle action orchestrée par les trois ténors : une frappe magistrale de Neymar depuis l'extérieur de la surface de réparation, que repousse Sels sans trop savoir comment ; Mbappé, justement placé, sert Cavani qui permet au PSG de mener 2-0. Puis le numéro 10 déploie tout son talent : il assure un troisième but à son équipe. Ángel Di María rejoint ensuite la MCN dans le tableau des buteurs. Le PSG fait carton plein sur la scène européenne et domine le championnat.

Le trio marque des buts à répétition et la troisième question s'impose alors : réussiront-ils à s'inscrire parmi les plus grands trios offensifs de l'histoire du football ? Un bref rappel des faits s'impose. Les préférences, les goûts personnels divergent souvent, en fonction du facteur géographique, de l'équipe que l'on soutient, des couleurs que l'on privilégie, de notre vécu, du style de jeu que l'on préfère, que l'on aime ou que l'on déteste. Mais, que l'on soit d'accord ou non, certains trios constituent des pierres angulaires de l'histoire du ballon rond.

En partant du football en noir et blanc, on ne peut oublier la photo d'Aranycsapat, l'équipe nationale hongroise en or des années 1950, et ses trois attaquants : Ferenc Puskás, Sándor Kocsis et Nandor Hidegkuti. Des joueurs qui, en 1953, à Wembley, battront les Anglais (les inventeurs du football) sur un score de 6 à 3 et qui perdront pourtant, de manière incompréhensible, la finale de la Coupe du monde 1954 contre l'Allemagne de l'Ouest.

Fin des années 1950 : les trois Brésiliens Didi, Vavá et Pelé émerveillent le monde entre 1958 et

1962. Edson Arantes do Nascimento est remarqué pour ses dribbles et ses buts. Didi, pour son activité sur son aile et Vavá pour être un pur avant-centre. On se souvient également du célèbre Garrincha, qui donnait bien du fil à retordre.

À la même époque, cette fois à Madrid en 1958, se forme un fabuleux trio composé d'Alfredo Di Stéfano, l'Argentin, de Ferenc Puskás, le Hongrois et de Paco Gento, l'ailier gauche espagnol. Sous les couleurs du Real Madrid, en 1960, ils remporteront contre l'Eintracht Francfort la cinquième coupe d'Europe des clubs champions consécutive de l'équipe madrilène.

En Angleterre, au milieu des années 1960, arrive la « Holy Trinity », la Sainte Trinité des Red Devils : George Best, le génie fou nord-irlandais, Bobby Charlton, le « Bombardier », et Denis Law, le « Finisseur ». Trois hommes qui recevront un Ballon d'or chacun. La consécration vient lors de la finale de la Coupe des champions en 1968. Sur un score de 4-1, ils pulvérisent le Benfica Lisbonne où officiait Silva Ferreira, dit Eusébio. Une sculpture a d'ailleurs été érigée en hommage au trio Best, Charlton et Law devant le stade Old Trafford. Il n'y a pas de supporter de Manchester United qui n'ait pas déjà été photographié au pied du monument.

Années 1970 : flash-back sur le « football total » de l'Ajax d'Amsterdam et de « l'Orange mécanique ». Il s'agit ici de Johan Cruyff, le numéro 14, esthète et philosophe du ballon, de Johnny Rep, ailier droit, et de Piet Keizer, ailier gauche ; tous adeptes du 4-3-3, tactique de jeu typique de l'Ajax. Difficile d'oublier, le 30 mai 1973, le but de Rep en finale contre la Juventus, offrant aux « lanciers » la troisième Coupe des clubs champions européens d'affilée. On se rappelle également qu'en 1974, le trio a conduit les Pays-Bas en finale de la Coupe du monde en Allemagne.

Restons en Allemagne et penchons-nous sur le trio formé par Uli Hoeness, Gerd Müller et Karl-Heinz Rummenigge, au sein du Bayern Munich, au milieu des années 1970. Hoeness, Rummenigge et Müller cassent la baraque à partir de 1976. Müller et Rummenigge recevront d'ailleurs le Ballon d'or : le premier en 1970, le deuxième en 1980 et 1981.

Retour chez les infatigables Brésiliens. Lors de la Coupe du monde 1970 au Mexique, remportée par le Brésil contre l'Italie (4-1), le trio gagnant était Jairzinho, Tostao et Pelé. Pendant le Mondial 2002 en Corée et au Japon, les « Trois R » se compose en revanche de Ronaldinho, Rivaldo et Ronaldo. Grâce à huit buts marqués, Ronaldo – « le Phénomène » – sera déclaré meilleur buteur du tournoi ; Rivaldo en marquera quatre et Ronaldinho, alors au PSG, en signera deux, dont l'inoubliable but sur coup franc qui ridiculisera le pauvre David Seaman, gardien de l'équipe d'Angleterre.

2003-2004 : les Gunners d'Arsène Wenger remportent la Premier League invaincus. Après avoir égalé le record établi pendant la saison 1888-1889 par Preston North End, ils sont surnommés « les Invincibles » : la récompense d'un trio constitué de Robert Pirès, Dennis Bergkamp et Thierry Henry qui, fort de 30 buts marqués en championnat, terminera meilleur buteur.

Arrive ensuite l'époque du trio MSN. À la fin de leur première saison ensemble, Messi, Suárez et Neymar marquent 122 buts et s'offrent le triplé : Liga (championnat d'Espagne), Ligue des champions et Coupe du Roi. De plus, durant les trois années de Neymar au FC Barcelone, ils inscriront 344 buts en 135 matchs.

Concernant le trio de la BBC, entre 2014 et 2017, Bale, Benzema et Cristiano Ronaldo ont marqué une moyenne de 100 buts et remporté deux fois de suite la Ligue des champions.

La pépite française Mbappé, le roi Neymar et Cavani « le Matador » réussiront-ils à se faire une place dans l'histoire du ballon rond ? Allez savoir...

17

Un gamin en or

Lundi 23 octobre 2017, 18 h 50. Kylian Mbappé, en smoking noir, chemise blanche et nœud papillon, descend d'un van Mercedes et pénètre dans le Sporting Monte-Carlo, accompagné de Wilfried, Fayza et Ethan. Le temps d'une soirée, le jeune Bondynois retrouve la ville qui l'a vu débuter en Ligue 1, triompher et remporter le titre de champion de France.

S'il revient aux sources, c'est pour recevoir le Golden Boy 2017. Mbappé a, en effet, remporté le trophée que le quotidien sportif *Tuttosport* décerne, depuis 2003, au meilleur jeune joueur d'Europe de moins de 21 ans. Le nouveau parisien a battu ses concurrents : 291 points, soit presque le double de son dauphin, son compatriote Ousmane Dembélé, récemment recruté par Barcelone, qui en a totalisé 149. En troisième position, on retrouve Marcus Rashford, la perle de Manchester United, avec 76 points. Au pied du podium, en quatrième position, Gabriel Jesus (72 points), originaire de São Paulo, joueur de Manchester City. Une consécration pour le numéro 29 du PSG : sur trente-cinq votants, seuls trois ne lui ont pas accordé la première place. Un plébiscite populaire inédit. Mbappé succède à Renato Sanches, le milieu de terrain prêté par le Bayern Munich à Swansea City. De plus, son nom se voit inscrit au livre d'or qui réunit, entre autres, Wayne Rooney (2004), Leo Messi (2005), Cesc Fàbregas (2006), Mario Götze (2011), Isco (2012), Paul Pogba (2013) et Anthony Martial (2015).

Mais, avant cette « nuit des étoiles », l'attaquant parisien a essuyé les premières critiques sévères de la presse française. Des vents contraires soufflent depuis le 14 octobre et son déplacement à Dijon. « Kylian, pour la première fois depuis qu'il a explosé en Ligue 1, nous a déçus. » « Invisible pendant les 45 premières minutes, il a raté un nombre assez sidérant d'occasions en seconde période. » « C'est sûr que le fait d'avoir été placé à la pointe de l'attaque du PSG en l'absence d'Edinson Cavani ne l'a pas favorisé, mais certaines erreurs devant les buts ne lui ressemblent pas. » Médias et commentateurs se montrent impitoyables.

Unai Emery, son coach, prend sa défense : « Mbappé moins bien en ce moment ? Non. Mbappé est un jeune joueur qui va progresser avec les expériences. Elles sont normalement positives pour lui. Contre Dijon, il a loupé beaucoup d'occasions, mais ça fait partie de l'expérience, c'est son chemin. Il est intelligent, tout le monde l'apprécie. Il apporte à l'équipe dans les passes décisives, dans les combinaisons, mais aussi devant le but. Demain, ajoute l'entraîneur espagnol à la veille du match contre Anderlecht, s'il a les mêmes occasions de but, bien sûr qu'il peut les mettre. » Et il a raison de lui faire confiance. En déplacement sur les terres du club belge, Kylian, après une belle combinaison avec Marco Verratti, ouvre le score à la troisième minute, en prélude à la victoire écrasante du PSG : 4-0. Les Parisiens prennent leur envol dans le groupe B. Mais le pire est encore à venir. Dimanche 22 octobre au soir, au stade Vélodrome, contre l'OM : « Mbappé a réalisé son plus mauvais match depuis son arrivée au PSG », « sans doute sa pire prestation depuis un an », « un des plus mauvais matchs de sa jeune carrière », « n'a vraiment, mais alors vraiment pas brillé », « des ratés devant le but, pas de repli défensif et une certaine nonchalance, balle au pied. Kylian est passé au travers de son premier "Clásico" ». Note de 2/10 selon *L'Équipe*.

Ses performances n'expliquent pas à elles-seules le revirement de la presse ; le jeune prodige du PSG, habituellement fin communicant, révèle un autre visage. À la fin du match, Kylian prend un carton jaune pour avoir pris par le bras l'arbitre à qui il réclamait un penalty et l'avoir accusé de ne pas être « au niveau ». C'est parti, les commentaires cinglants fusent. On parle d'arrogance, de suffisance de la part d'un garçon qui, en quelques semaines, est passé du statut de « jeune homme bien sous tous rapports à ado rattrapé par la grosse tête ». On insinue que Neymar aurait une influence négative, qu'il aurait même « contaminé le cerveau de Kylian ». À tel point que, maintenant, celui-ci se prendrait pour un « Neymar 3.0 ». En résumé, la célébrité lui serait montée à la tête et il ne serait finalement pas la « bombe nationale » que tout le monde attendait. Ce sont des choses qui arrivent, quand un jeune si éblouissant ne marque pas depuis deux journées du championnat et ne joue pas à son niveau. Apparemment, Kylian prend les choses avec détachement. Il réussit même à retourner la situation. Tout bien réfléchi, plus de 90 % des joueurs restent sans marquer pendant deux matchs consécutifs, mais on ne les critique pas pour autant. Par conséquent, si lui est soumis à la pression, il ne peut que s'en réjouir. Cela montre que son niveau de jeu a progressé et qu'il a changé de statut : aujourd'hui, c'est un joueur important, dont on attend beaucoup. Et le voilà, souriant, en tee-shirt blanc orné du numéro 970005, dans sa chambre d'hôtel monégasque, prêt à recevoir, avant la cérémonie de remise des prix, la délégation de *Tuttosport* au grand complet. Pendant que Fayza ferme la porte de la chambre où se trouve Ethan, Kylian se voit remettre un exemplaire d'une couverture historique de *Tuttosport* et remercie en riant les journalistes dans un italien plus que correct. Photos, poignées de main, autographes et une interview exclusive pour le quotidien turinois. « Le Petit Prince » aborde tous les sujets : Monaco, le PSG, l'équipe de France, la Ligue des champions, le football italien, Renato Sanches, qui l'a précédé dans le livre d'or des Golden Boy, et même les récentes critiques : « Je comprends très bien que les gens attendent beaucoup de moi, mais c'est très difficile pour un joueur d'être au top niveau à chaque match ; seuls les grands y arrivent. Jusqu'à maintenant, j'ai fait de bonnes choses et, si je continue à m'impliquer, je pourrai faire encore mieux. Ce que je vis est un rêve ; je dois donc en profiter et travailler. »

On évoque son talent précoce et son idole d'enfance : « Cristiano Ronaldo ? C'est sûr, ça paraît étrange qu'un champion tel que lui n'ait jamais reçu un prix aussi prestigieux, mais il y a des joueurs qui arrivent tôt à maturité, comme Fabregas et Messi, et d'autres qui arrivent à exprimer leurs capacités plus tard. »

Autre sujet, autre exemple : Thierry Henry. « Cette comparaison m'honore, mais je ne veux pas être le nouveau Thierry Henry ou le nouvel Untel. Je veux seulement être moi-même, Kylian Mbappé, et écrire ma propre histoire. Être une copie ne sert à rien ; je veux être l'original. »

Kylian aborde également sa relation avec Neymar : « C'est un honneur que Neymar manifeste autant de considération pour moi. Il sait que je l'admire et que je l'aime. Et quand un joueur comme lui vous prend sous son aile, vous avez toutes les cartes en main pour progresser. Je pense qu'il a eu une grande expérience à Barcelone où il a tout gagné. Et moi, je veux tout gagner avec le Paris Saint-Germain. Donc, pour moi, apprendre de Neymar, c'est ce qu'il y a de mieux pour m'améliorer et atteindre mes objectifs. »

Voilà l'ambitieux jeune homme de 18 ans en bonne place dans la salle des Étoiles du Sporting. Quand son nom retentit, il quitte la table et rejoint la scène où se sont produits des artistes comme Frank Sinatra, Charles Aznavour, Stevie Wonder, Elton John et Joe Cocker pour recevoir son prix. Ému face aux trois cents invités, parmi lesquels Leonardo

Jardim, son ex-entraîneur, et Vadim Vasilyev, le vice-président de l'AS Monaco, il reçoit des mains de Paolo De Paola, directeur de *Tuttosport*, le trophée : un lourd ballon d'or. Il est 20 h 25 : « Je dédie ce trophée à mon petit frère Ethan, ici présent », déclare Kylian, qui se voit remettre en cadeau le maillot dédicacé de Cristiano Ronaldo. Wilfried, son père, explique devant les micros : « C'est beaucoup de plaisir. Aujourd'hui, c'est la récompense de son talent et du travail en famille. Non, Kylian ne me surprend pas ; la seule surprise, c'est que tout soit allé aussi vite. Mais les choses qu'il fait maintenant, il les faisait enfant. Ceux qui l'ont vu jouer quand il était gamin le savent bien. » « C'est vraiment un honneur d'avoir remporté ce trophée, et puis, à Monaco... c'est quelque chose de symbolique. C'est une motivation supplémentaire pour continuer à travailler, explique Kylian. Puis, regardant le trophée qu'il a entre les mains, il ajoute : Je le mettrai bien en vue à la maison, on vient juste de déménager. » Une autre question : « Le prochain prix sera le Ballon d'or ? » « Je ne sais pas, je ne prédis pas l'avenir », élude le joueur du PSG. Le futur est tout proche.

7 décembre 2017 : *France Football* révèle le classement du Ballon d'or. Cristiano Ronaldo, on le savait déjà, avec 946 points, remporte son cinquième titre. Il se compare à Lionel Messi et crie au monde : « Je suis le meilleur joueur de l'histoire. »

Messi, numéro 10 du FC Barcelone, est deuxième. Neymar, la nouvelle étoile parisienne, occupe la dernière marche du podium. Jusqu'ici, rien d'étonnant, la surprise arrive en étudiant le Top 10. En quatrième position, Gianluigi Buffon, l'éternel gardien de la Juventus. Vient ensuite Luka Modrić, l'international croate du Real Madrid. En sixième position, Sergio Ramos, capitaine des Merengues. Kylian Mbappé arrive finalement en septième position avec 48 points.

Le numéro 29 du PSG devance des joueurs comme Robert Lewandowski, international polonais évoluant au poste d'attaquant au Bayern Munich, Harry Kane, « le Bombardier » anglais, Edinson Cavani et Luis Suárez, les matadors uruguayens, les partenaires en sélection Antoine Griezmann, N'Golo Kanté, Karim Benzema, ainsi que d'anciens coéquipiers comme Radamel Falcao.

En plus des champions qu'il détrône grâce à sa spectaculaire demi-saison en professionnel, Kylian bat un autre record de précocité. Avec six jours d'avance, il rafle à Michael Owen le titre de plus jeune nommé de l'histoire moderne du trophée. Et, mis à part l'ancien attaquant du Liverpool FC qui, lors de sa première nomination au Ballon d'or en 1998, avait fini quatrième, le prodige parisien prouve qu'il est nettement en avance sur les stars de son âge, ses contemporains comme ses prédécesseurs. Prenez Cristiano Ronaldo : il entre pour la première fois dans le classement en 2004, à l'âge de 19 ans, et doit se contenter de la 12e place. Messi, à 19 ans, est nommé pour la première fois en 2006 et atteint la vingtième place. En 2011, Neymar, alors âgé de 19 ans, termine dixième. Quant à Ronaldo, « le Phénomène », vainqueur de deux Ballons d'or, il entre dans le classement en 1995, âgé de 19 ans lui aussi, mais il ne dépassera pas la 26e place.

Personne, pas même Kylian lui-même, n'aurait pu s'attendre à un tel résultat. Quand paraît la liste des trente nominés, le garçon établit son propre classement et se positionne entre la 18e et la 30e place : « Septième, je ne m'y attendais vraiment pas… Finir dans le Top 10 dès ma première nomination, c'est extraordinaire. Là, j'entre un peu dans la cour des grands. J'ai beaucoup de respect pour tous ces joueurs que je regardais encore à la télé ou avec lesquels je jouais à la console il n'y a pas si longtemps. Ça fait bizarre… » confie Kylian à *France Football*. Étrange, c'est vrai, tellement que le jeune prodige se considère un peu comme un enfant devant tant de champions, mais sans que sa présence dénote dans la cour des grands. Bien sûr, comme le souligne son père, tout est allé à la vitesse de la lumière ; tout a peut-être été trop rapide, mais Kylian n'est pas du genre à paniquer.

20 décembre 2017 : le Petit Prince souffle ses dix-neuf bougies. Pour l'occasion, il décide de se teindre les cheveux. Il se rend au 235th Barber Street de Boulogne, enseigne qui coiffe Alphonse Areola et Julian Draxler (PSG), mais aussi Kwadwo Asamoah, Douglas Costa et Blaise Matuidi (Juventus), ou encore Tiémoué Bakayoko (Chelsea). Et il se teint les cheveux en blanc, un nouveau look qu'il adopte après le blond de l'été et qu'il arbore en premier lieu sur le compte Instagram de son coiffeur. Bras croisés sous les aisselles, il prend la pose, qu'il adopte habituellement pour célébrer ses buts. Avec sa casquette rouge Nike et son survêtement du PSG, sa nouvelle couleur ne passe pas non plus inaperçue au Camp des Loges, où il fait sensation auprès de ses coéquipiers.

Éclats de rire de Neymar, vannes, plaisanteries et le traditionnel *Joyeux Anniversaire* repris en chœur l'accompagnent quand il souffle la petite bougie qui orne sa minuscule tarte aux fraises. Le même soir, il fêtera son anniversaire au Parc des Princes. La 19e journée du championnat tombe le jour de ses 19 ans : l'occasion rêvée de se distinguer.

À la 21e minute, Kylian dribble deux adversaires, signe une accélération foudroyante sur l'aile droite, prend de vitesse Da Silva, lève les yeux, voit Cavani dans la surface de réparation et lui offre un caviar. L'Uruguayen conclut par une talonnade à la Madjer. Sensationnel ! 1-0 pour le PSG. 57e minute : Neymar, pansement sur le visage, récupère une balle sur la gauche ; il sert Lo Celso qui s'introduit dans la surface de réparation, s'approche du but adverse et centre. Mbappé reprend de volée du pied gauche et marque sans laisser la moindre chance à Vercoutre, le gardien de Caen.

Cette rencontre, la dernière de l'année, se termine sur un score de 3-1 pour les Parisiens. Kylian est l'homme du match. Il conclut son mois de décembre en beauté : quatre buts et trois passes décisives en cinq matchs. Il célèbre une année de folie : 33 buts en club et sélection toutes compétitions confondues (20 avec Monaco, 12 avec le PSG, 1 avec les Bleus). De plus, il est désigné Meilleur buteur français de l'année, devant Alexandre Lacazette qui totalise 32 buts pour l'Olympique lyonnais et Arsenal. Il devance également Antoine Griezmann, qui signe 29 buts pour l'Atlético de Madrid. Avec 10 buts marqués en Ligue des champions, Mbappé devient le plus jeune joueur à atteindre de tels sommets. Il peut s'envoler vers Doha, capitale du Qatar, pour le stage d'hiver du PSG. 2017 aura été son année, comme le démontre une étude de Pressedd. Kylian Mbappé est le sportif français le plus cité par les médias au cours de l'année 2017 : pas moins de 44 056 fois ! Il occupe la première place du classement devant Didier Deschamps, Rudi Garcia et Zinédine Zidane. Et dire qu'en 2016, le gamin de Bondy figurait à la 219e place…

18

Un triplé pour oublier Ronaldo

Le PSG n'a pas de temps à perdre. Pour préparer les échéances à venir, Kylian et ses coéquipiers s'envolent pour le Qatar à l'issue du dernier match officiel de l'année contre Caen. C'est à Doha que le club de la capitale française s'établit fin décembre pour un mini-stage de trois jours. Après une première partie de saison prometteuse, les dirigeants ont décidé de tout mettre en œuvre pour frapper un grand coup sur la planète Football en 2018.

Ce voyage express au Moyen-Orient est surtout une campagne de communication savamment orchestrée par les sponsors. Les joueurs se transforment en VRP de luxe et s'affichent aux quatre coins de la ville lors de diverses opérations marketing… La plus spectaculaire réunit la MCN et le capitaine Thiago Silva lors d'une improbable partie de tennis-ballon disputée en plein golfe Persique sur une plateforme flottante transformée en terrain de football. Le tableau est magnifique avec les quatre stars réunies au large de la baie de Doha et de ses imposants buildings… Kylian est à son aise – il s'affiche sur les réseaux sociaux habillé en émir – et démontre, une nouvelle fois, ses qualités d'adaptation. Au Qatar, on le retrouve comme à ses premières heures monégasques, rieur et insouciant, dans une vidéo où il affiche sa complicité avec Neymar au moment de gagner les terrains d'entraînement dans une voiturette de golf. Le gamin de Bondy démontre aussi son professionnalisme lorsqu'il s'agit de revenir devant les télévisions du monde entier sur ses six premiers mois dans la capitale française. La MCN ? « Cavani, c'est le meilleur attaquant au monde, et Neymar est en passe de devenir le meilleur joueur de la planète, je ne peux qu'apprendre et progresser à leur contact. » La vie parisienne ? « Je ne peux plus sortir, je ne peux que rester à la maison… Surtout, je change de dimension, là on devient vraiment une star entre guillemets ! » Et la Ligue des champions ? « On sait ce que l'on vaut, mais on sait surtout ce que l'on doit faire pour remporter une telle compétition. Il y a de plus en plus d'équipes en mesure de la gagner et on en fait partie. »

Pas un mot en revanche lors de cette conférence de presse sur le choc à venir face au Real Madrid de son idole d'enfance, Cristiano Ronaldo. Pourtant, depuis le tirage au sort des huitièmes de finale de la Ligue des champions, le 11 décembre, au siège de l'UEFA en Suisse, le duel passionne l'opinion publique qui imagine déjà une passation de pouvoir entre les deux joueurs. Kylian voulait pourtant absolument éviter le double tenant du titre et aurait préféré affronter à ce stade de la compétition les

Suisses du FC Bâle. Au moment où il a vu le nom du club espagnol s'afficher sur son écran de télévision, il n'a pu retenir sa déception. « C'est pas possible… » a-t-il lâché avant de vite se reprendre devant la caméra qui le suit pour un documentaire sur une chaîne française : « Allez, on y va, c'est la bagarre… »

Durant ce bref séjour à Doha, Kylian accepte tout de même d'évoquer cette double confrontation entre les deux poids lourds du football européen lors d'un entretien à *Marca*. Le quotidien sportif le plus populaire d'Espagne lui offre ainsi sa première page le 27 décembre sous le titre évocateur : « Nous allons à Madrid pour envoyer un message au monde ». Tout au long de cette interview, l'international français affiche ses ambitions. Morceaux choisis…

« Nous sommes deux des meilleures équipes du monde. Ils ont gagné deux Ligues des champions d'affilée et nous sommes en train de grandir [...] C'est un match qui peut marquer notre histoire face au champion sortant et nous sommes tous très motivés. » « Ronaldo ? C'est une idole de mon enfance et c'était sympa de le rencontrer quand j'ai visité Valdebebas. Mais je suis un compétiteur, et une personne compétitrice, ce qu'elle veut c'est gagner, gagner et encore gagner. Donc, peu importe qui il y a en face ; ce que nous voulons, c'est gagner. Je l'adorais quand j'étais petit, mais maintenant c'est terminé. Aujourd'hui, je vais aller à Bernabéu pour jouer et gagner. »

Il n'en fallait pas plus pour lancer ce huitième de finale et confirmer l'appétit grandissant du club numéro un en France et de son jeune attaquant :

« En quelques jours, le PSG venait de s'offrir un véritable tour de force avec cette tournée au Qatar et cette interview de Mbappé en Espagne, raconte un proche du club parisien. Elle montrait toute la puissance financière et la capacité de communication du club. Elle confirmait surtout ses ambitions sportives nouvelles à l'image du discours très offensif de sa jeune recrue. Il faut dire qu'à ce moment-là, le Real Madrid était au plus mal en Liga et Zinédine Zidane était très critiqué. Beaucoup en France pensaient que c'était le tirage idéal pour le PSG, mais c'était un leurre... »

D'autant qu'au moment d'aborder la première manche de ce huitième de finale au stade Santiago-Bernabéu à Madrid, Kylian est loin d'être au meilleur de sa forme : s'il a débuté l'année sur les chapeaux de roue avec un doublé et deux passes décisives à Rennes lors de l'entrée de son équipe en Coupe de France (1-6), il s'est montré ensuite très discret en ne marquant qu'un seul but face à Dijon en championnat le 17 janvier. L'ancien joueur de l'AS Monaco a en fait très peu joué en accumulant les coups durs : il a été victime tout d'abord d'une blessure à la tête le 21 janvier lors d'un violent choc avec le gardien de but de l'Olympique Lyonnais, Anthony Lopes, puis il a écopé du premier carton rouge de sa carrière professionnelle le 30 janvier à Rennes en demi-finales de la Coupe de la Ligue après une vilaine semelle sur le mollet de l'ailier gauche, Ismaïla Sarr.

« C'est toujours mieux de jouer, c'est certain, mais je ne pense pas que ce soit un problème. J'ai le rythme et je serai frais », rassure Kylian, quelques jours avant la manche aller à Santiago-Bernabéu.

Le 14 février, il est titulaire face au Real Madrid. Son début de match est pour le moins timide, mais, à la 33e minute, il est à l'origine de l'ouverture du score : de son couloir droit, Kylian adresse un centre mal repoussé par Nacho... Adrien Rabiot surgit pour punir Keylor Navas. 0-1.

Sur cette belle inspiration, Kylian vient sans le savoir de donner le coup d'envoi de son duel à distance avec Cristiano Ronaldo. Il n'en faut pas plus pour piquer le Portugais... Le quintuple Ballon d'or ramène le score à un partout dans les derniers instants de la première période en convertissant un penalty d'une frappe surpuissante. 1-1. Dès le retour des vestiaires, c'est au tour de Kylian de s'illustrer : le service de Neymar est impeccable, mais sa frappe manque de précision et Navas repousse tant bien que mal. Loupé ! L'occasion était belle... Et déterminante car en fin de match, Ronaldo s'offre le doublé en marquant du genou et Marcelo porte le score à 3-1. La déception est grande pour le numéro 29 du PSG d'autant que, dans les derniers instants de la rencontre, il a eu la balle du 3-2, celle qui aurait relancé totalement ce huitième de finale, mais le gardien de but costaricien du Real a une nouvelle fois remporté le duel.

Kylian n'a pas besoin d'attendre le verdict des médias pour savoir qu'il a manqué son match. Le quotidien *L'Équipe* lui donne la note de 4 assortie de ce commentaire : « Il aurait dû être beaucoup plus efficace. Il a eu les occasions pour faire mal. Soit par précipitation, soit par manque de réussite, il n'a pas su les concrétiser. » Le jeune attaquant parisien n'a qu'une idée en tête, prendre sa revanche quinze jours plus tard au Parc des Princes et rejoindre ses illustres aînés Raí, Valdo et Ginola qui avaient remonté deux buts de retard face aux Madrilènes en 1993 pour s'imposer 4-1 en quarts de finale retour de Coupe de l'UEFA. Malheureusement, la préparation de ce huitième de finale retour est entachée de nouveaux coups durs : le 25 février, Neymar se blesse gravement en championnat de France et doit déclarer forfait pour le reste de la saison. Trois jours plus tard, c'est au tour de Kylian de sortir blessé à la 46e minute lors d'un nouveau duel face à l'Olympique de Marseille. Touché à la cheville, il est longtemps déclaré incertain : « Le club voulait que je joue, racontera plus tard Kylian dans un documentaire de Canal+, et avec ma famille, on ne voulait prendre aucun risque. Finalement, après avoir bien réfléchi, on a pris la décision que je jouerai. »

Même si Kylian n'est pas à 100 %, le choix n'est pas loin d'être payant… Le 6 mars, dans un Parc des Princes chauffé à blanc, Kylian a l'occasion de faire basculer le match à la 43e minute. Alors que le score est toujours de 0-0, il hérite dans la surface de réparation d'un ballon parfait sur le côté droit, et pour une fois la défense madrilène lui laisse un peu de répit. Un premier regard… Cavani est en position idéale au premier poteau pour être servi, mais Kylian choisit une option différente… Il tente sa chance d'une frappe soudaine et croisée, mais, comme à l'aller, Navas détourne. Le gamin de Bondy peut se prendre la tête à deux mains alors que son coéquipier uruguayen fait part de son mécontentement… Même si tout est allé très vite, Kylian n'a clairement pas fait le bon choix. « En deux rencontres, il avait laissé passer trois balles de match et montré le fossé qui le séparait encore de Cristiano Ronaldo. La star portugaise a fini par ouvrir le score en début de seconde période et mettre définitivement fin au suspense pour son troisième but face au PSG. Il a eu une réussite totale sur cette double confrontation alors que Kylian s'est montré trop tendre dans la finition. »

À l'issue d'un nouveau revers 2-1 et d'une élimination brutale de la Ligue des champions qui coûte cher au club (près de 13 millions d'euros), l'analyse de cet ancien joueur parisien se révèle plutôt clémente comparée aux commentaires acerbes et moqueurs de certains médias. Eurosport : « Il n'a pas justifié l'attente placée en lui. Opposé à son idole Ronaldo, il a pu voir ce qui lui manquait pour être dans la classe au-dessus. » *So Foot :* « Ce soir la tortue ressemblait plus à Franklin qu'à Donatello. Il sait compter deux par deux et lacer ses chaussures, mais pour donner à Cavani, il n'y a plus personne. »

« Ce procès fait à Kylian était injuste, racontera, en fin de saison, Lassana Diarra, ancien milieu du Real arrivé au PSG durant le mercato hivernal. De tous nos attaquants, il a été celui qui a le plus joué pour les autres. Quand il pouvait faire marquer, il faisait toujours la bonne passe. D'ailleurs, s'il n'avait pas eu ce sens du collectif, il aurait pu être à dix buts de plus cette année. »

Durant les trois derniers mois de compétition sous le maillot du PSG, Kylian inscrira trois buts supplémentaires en championnat de France – un face à Metz et deux devant Angers –, marquera un doublé en demi-finale de Coupe de France contre Caen (1-3) et signera deux passes décisives en finale de la Coupe de la Ligue disputée à Bordeaux contre l'AS Monaco. Le 31 mars, face à son ancien club, Kylian fait abstraction des sifflets et quolibets des supporters rouge et blanc pour servir Di María et Cavani lors d'un large succès (3-0).

À défaut de survoler individuellement cette fin de saison, Kylian engrange les titres collectifs pour un premier triplé national avec le PSG : sa première victoire en Coupe de la Ligue est assortie d'un second titre d'affilée de champion de France décroché haut la main devant Monaco et Lyon, et d'une victoire en Coupe de France face au club de 3e division des Herbiers (2-0).

Kylian boucle cette première saison au Paris Saint-Germain avec 21 buts inscrits et 16 passes décisives et un deuxième trophée consécutif de Meilleur espoir du championnat de France. Plutôt encourageant lorsqu'on évolue aux côtés de joueurs confirmés tels que Cavani ou Neymar, habitués à laisser généralement les miettes à leurs partenaires d'attaque. Sa nouvelle notoriété lui ouvre au passage les portes du musée Grévin. « C'est une fierté de pouvoir entrer ici, au milieu de toutes ces idoles, tous ces gens qui inspirent la société, m'ont inspiré et m'inspirent encore », déclare Kylian, le 18 mai lors de la découverte de son double de cire. Cristiano Ronaldo avait inauguré le sien deux ans plus tôt...

19

À la droite du roi Pelé

La saison n'est pourtant pas tout à fait terminée. Il reste la cerise sur le gâteau… « À la Coupe du monde, il y aura tous les meilleurs joueurs, tous les plus grands seront là, c'est l'opportunité de montrer ce qu'on sait faire, ses capacités, et il n'y a pas de meilleur endroit que la Coupe du monde pour cela. »

Kylian a déjà conscience de l'incroyable défi qui l'attend en Russie lorsqu'il découvre son visage fin mai dans la liste des 23 Français retenus par Didier Deschamps. Dans la ligne des attaquants, il figure aux côtés de Dembélé, Fekir, Giroud, Griezmann, Lemar et Thauvin. Pas de Lacazette, de Coman ou de Martial, et encore moins de Karim Benzema.

Sa présence n'est pas une surprise. Depuis la qualification acquise face à la Biélorussie en octobre dernier, il a débuté tous les matchs amicaux des Bleus en 2018 et il a été chaque fois décisif : des passes gagnantes face au pays de Galles, à l'Allemagne et à la Colombie, et même un premier doublé fin mars lors d'un succès 3-1 sur le pays hôte à Saint-Pétersbourg.

« Face à la Russie, il a clairement réalisé son meilleur match depuis ses débuts en sélection, raconte un suiveur de l'équipe de France. Sur les deux buts qu'il marque, il est d'ailleurs incroyable de sérénité. Ce match a marqué les esprits et débouché sur une scène assez cocasse à la sortie des vestiaires : alors qu'il répondait aux questions de la presse, Olivier Giroud a vu d'un seul coup toutes les caméras se détourner de lui car les journalistes ne voulaient pas rater la réaction de Mbappé. Cela n'a pas forcément plu à Giroud, mais que voulez-vous, c'est la loi du milieu ! Kylian a d'ailleurs continué à s'imposer dans cette équipe de France durant le mois de mai avec une nouvelle passe décisive face à la république d'Irlande et un but contre les États-Unis lors du dernier match de préparation avant de s'envoler pour la Russie. »

Le 16 juin, l'attaquant du Paris Saint-Germain fait enfin connaissance avec la Coupe du monde. Il va pouvoir croquer dans cette compétition qui l'a guidé depuis ses débuts dans le football sur les terrains de l'AS Bondy. Lors du premier match dans le groupe C, il se présente sûr de sa force face à l'Australie. Le voilà titulaire dans la chaleur du stade de Kazan avec le 10 floqué dans le dos. Un numéro qu'il a récupéré depuis le mois de mars et qui lui permet de s'inscrire dans la lignée des plus grands joueurs français : Michel Platini dans les années 1980 et surtout Zinédine Zidane, héros de tout un pays il y a tout juste vingt ans, lors du premier sacre des Bleus en 1998.

Même si elle ne figure pas au rang des favoris aux côtés de l'Espagne, du Brésil, et des tenants du titre allemands, la France est attendue, à condition tout de même que ses jeunes attaquants Ousmane Dembélé et surtout Kylian Mbappé répondent présent. Dès la 2e minute, Kylian déclenche sa première course. L'accélération côté droit est suivie d'une frappe qui est détournée par le gardien australien. Ce Mondial commence bien ! Ce sera pourtant son unique occasion du match. À l'image des Bleus qui s'imposent dans la douleur deux buts à un, l'ancien joueur de l'AS Monaco a été décevant. Il a clairement manqué de tranchant offensivement et son travail défensif a laissé encore une fois à désirer.

Il en faudra tout de même un peu plus pour pousser Deschamps à mettre la perle du Paris Saint-Germain sur le banc. Cinq jours plus tard, Kylian figure encore dans le onze de départ de l'équipe de France pour un deuxième match qui s'annonce déjà décisif face à une équipe du Pérou dos au mur après sa défaite contre le Danemark. Dans le stade d'Ekaterinbourg avec sa grande tribune à ciel ouvert, Kylian est cette fois disponible et n'hésite pas à venir prêter main-forte à Benjamin Pavard, placé juste derrière lui sur le côté droit. On retrouve enfin le joueur imprévisible révélé l'année précédente avec Monaco en Champions League ; celui qui multiplie les déviations et les dribbles, qui ne réussit pas tout, mais qui tente, participe au jeu, propose des solutions et marque ! À la 34e minute, Kylian surgit au second poteau pour prolonger dans le but vide une frappe de Giroud qui vient d'être détournée tant bien que mal par le gardien péruvien. Il ne s'imaginait sûrement pas marquer un jour aussi facilement en Coupe du monde ! Cette cinquième réalisation en sélection lui permet d'offrir la victoire 1-0 à la France et de devenir à 19 ans et 6 mois le plus jeune buteur français dans la compétition. C'est mieux que ses compatriotes, Zidane, Henry et Trezeguet, et tout proche d'autres légendes comme Michael Owen, Lionel Messi et le roi Pelé qui avait fait trembler les filets à 17 ans à la fin des années 1950.

Pour le concert de louanges et la comparaison avec le prodige du foot brésilien, il faudra tout de même attendre encore un peu. Le 30 juin précisément. Après avoir décroché la première place du groupe C à l'issue d'un triste match nul (0-0) contre le Danemark, les Français s'apprêtent à défier la bande à Lionel Messi, finaliste en 2014 au Brésil et qualifiée *in extremis* dans le groupe D derrière la Croatie. Ce France-Argentine à Kazan est clairement l'affiche de ces huitièmes de finale, et Kylian va en faire son affaire…

Mais que lui passe-t-il donc par la tête à la 13e minute lorsqu'il récupère le ballon à une trentaine de mètres de ses buts, se lance dans une incroyable chevauchée, élimine deux joueurs, dépose Javier Mascherano aux abords du rond central avant de relancer la machine dans les 35 derniers mètres pour déborder cette fois Marcos Rojo et pousser le défenseur argentin à la faute dans sa surface de réparation ? Seul l'enfant de Bondy, la ville de tous les possibles, est en mesure de le dire, même si le génie ne s'explique pas. Chez Kylian, seul le talent parle : comme lors de cette 64e minute où il redonne l'avantage 3-2 aux Français en plaçant le ballon hors de portée de Franco Armani ou encore quatre minutes plus tard, quand il met définitivement son équipe hors de portée des Argentins sur un plat du pied droit impeccablement croisé.

Deux buts et un penalty provoqué, Kylian n'est pas seulement élu homme du match de ce France-Argentine (4-3), il est déjà pour la planète Football la révélation du tournoi... C'est « un phénomène » pour Franco Baresi, finaliste de la Coupe du monde avec l'Italie en 1994. « Mbappé est comme le jeune Luke Skywalker. Vous savez que tôt ou tard il dominera le monde. C'est une bête ! » prédit l'Espagnol Álvaro Arbeloa, champion du monde 2010. « Je l'ai déjà dit auparavant, mais Kylian Mbappé sera la prochaine superstar du football global », confirme l'Anglais Gary Lineker, meilleur buteur du Mondial 1986. Mais ce n'est pas tout : l'Argentin Jorge Valdano, sacré la même année au Mexique avec Maradona, oublie sa déception pour faire l'éloge du jeune Français dans sa chronique pour *The Guardian* : « Solide comme l'acier, rapide comme le vent, il a choisi de démarrer sa révolution le jour où Messi et Cristiano Ronaldo ont quitté la Coupe du monde. Il a fait une entrée fracassante dans l'histoire du football, effaçant tout ce qu'il y avait avant lui. On n'avait pas vu une telle vitesse depuis Ronaldo, le Brésilien. »

En effet, sur l'action qui a amené le penalty transformé en début de match par Antoine Griezmann, Kylian a été chronométré à 37 km/h. « 37 », ce sera d'ailleurs son nouveau surnom dans le vestiaire. Et ce n'est pas terminé : Kylian devient seulement le deuxième joueur de moins de 20 ans à inscrire un doublé en Coupe du monde. Seul le roi Pelé avait réalisé une telle performance en 1958, lors de la finale face à la Suède ; alors, la légende brésilienne salue à son tour l'enfant prodige : « Félicitations KMbappé, 2 buts dans une Coupe du monde si jeune. Vous voilà en bonne compagnie ! Bonne chance pour les prochains matchs. Sauf contre le Brésil ! »

Le vœu de Pelé sera exaucé. Kylian n'aura même pas besoin de mettre au supplice la défense auriverde et de passer par un duel fratricide avec son coéquipier du PSG, Neymar. En quarts de finale, il se voit proposer la rugueuse sélection uruguayenne (2-0) puis en demi-finales, le bourreau du Brésil, la Belgique, pour une nouvelle victoire française (1-0). Sur ces deux matchs, fermés et indécis, Kylian n'est pas aussi flamboyant et récolte même un carton jaune pour un acte d'antijeu face aux Belges. Il est tout de même précieux dans sa capacité à amorcer les contre-attaques et à apporter sa touche technique dans le dispositif de fer mis en place par Deschamps. Un geste du Parisien face aux Diables rouges d'Eden Hazard soulève d'ailleurs à nouveau l'admiration générale : une talonnade géniale le 10 juillet à Saint-Pétersbourg à l'attention d'Olivier Giroud. Le tapis rouge est de nouveau déployé : « Comment défendre face à Mbappé ? s'interroge l'ancien défenseur international anglais Rio Ferdinand en direct sur la BBC. Vous regardez vers le ciel et vous demandez de l'aide ! » Et cette inspiration soulève aussi l'admiration des créateurs, celle du Néerlandais Patrick Kluivert (meilleur buteur de l'Euro 2000) : « Quel mouvement de Kylian Mbappé. Il montre à cet âge des qualités incroyables au plus haut niveau. » Et celle du dieu vivant, Diego Maradona : « Je l'aime vraiment beaucoup. C'est la révélation du Mondial pour moi. »

Il ne reste plus à Kylian qu'à frapper un dernier coup afin de marquer l'histoire et mettre définitivement tout le monde d'accord. Ce sera lors de la finale au stade Loujniki, à Moscou, le 15 juillet 2018. Face à la Croatie qui vient de renverser l'Angleterre (2-1), il apparaît encore serein et déterminé au moment de l'entrée des deux équipes sur le terrain. Pas question de se retrouver submergé par l'émotion lors des hymnes ou d'être déstabilisé par une quelconque appréhension. Depuis toujours, les rêves de Kylian cohabitent sans problème avec la réalité. En première période, l'enfant de Bondy touche très peu de ballons car il est surveillé de près par la défense croate. La bande à Modrić a bien compris que le feu follet du PSG constituait le danger offensif numéro un. Et elle n'a pas tort, car sur les rares ballons qui lui parviennent, Kylian semble chaque fois en mesure de faire la différence. Cela n'a pas échappé à Didier Deschamps. Malgré un score favorable de 2-1 à la pause, le sélectionneur français incite son équipe à davantage s'appuyer sur son numéro 10 et à mieux utiliser ses appels dans l'espace. L'effet est immédiat.

59e minute : Kylian récupère un ballon envoyé en profondeur, il entre dans la surface, fixe Ivan Strinić et parvient en bout de course à glisser le ballon en retrait à Griezmann qui décale Paul Pogba. Le milieu de Manchester United marque du gauche en deux temps (3-1).

65e minute : Lucas Hernandez file sur son couloir pour servir Kylian qui campe plein axe aux 25 mètres. Pour une fois, il a le temps de contrôler, de regarder la position de Danijel Subašić et d'ajuster du pied droit au ras du poteau son ancien partenaire à l'AS Monaco. Le ballon rebondit une fois avant de s'écraser dans les filets (4-1).

En six minutes et deux actions, l'attaquant parisien a fait basculer cette finale. L'erreur de Lloris sur la réduction du score de Mandžukić ne remettra pas en cause ce succès (4-2). Vingt ans après la génération de Zizou, l'équipe de France est sacrée championne du monde de football. Kylian termine la compétition avec 4 buts et le trophée de Meilleur jeune du tournoi. À 19 ans, il décroche le Graal et accomplit son rêve de gamin. Sur la pelouse de Loujniki, l'enfant de Bondy s'invite surtout à la table des grands. Pas de démonstration de joie excessive, mais plutôt un large sourire et une première réaction à la télévision française qui en dit long sur le personnage : « La route a été longue, mais cela valait le coup. On est champions du monde et on est très fiers. On voulait rendre les gens heureux et c'est pour cela que l'on fait tout ça. J'ai toujours dit que je ne voulais pas être de passage dans le football... » Et si possible s'installer au plus proche du roi Pelé, seul avant lui à avoir marqué en finale de Coupe du monde avant ses 20 ans.

20

Le gamin grandit

Le 3 décembre 2018. Sur les rives de la Seine, au pied des Champs-Élysées, le Grand Palais étincelle. L'édifice de fer, d'acier et de verre a été construit pour l'Exposition universelle de 1900. En temps normal, il accueille des expositions des plus grands artistes de l'Histoire. Mais, ce soir-là, ce sont les artistes du ballon rond qui sont à l'honneur. Cent vingt journalistes et 1 500 invités sont réunis pour la 73e édition du Ballon d'or.

Au cours d'une année marquée par la Coupe du monde en Russie, quoi de plus normal que de retrouver bon nombre de joueurs français à la soirée organisée par *France Football*? Le rappeur français Vegedream lance les hostilités en entonnant le nouvel hymne des Bleus, « Ramenez la Coupe à la maison ». Micro en main, il salue un à un tous les joueurs de Didier Deschamps, hilares devant ce spectacle bon enfant.

Un peu plus tôt, à 20 heures, Kylian Mbappé est arrivé au Grand Palais. Accompagné de son père et de son petit frère, il pose devant les photographes. Smoking et nœud pap' noir, pouces levés et grand sourire comme toujours, il espère que le lauréat sera l'un de ses coéquipiers. Raté. Luka Modrić est sacré Meilleur joueur de l'année et devient le premier depuis 2008 à rompre le monopole du duo Messi-Ronaldo. Ce choix laisse toutefois un goût amer à de nombreuses personnes, à commencer par Deschamps, qui avait bon espoir que la deuxième étoile sur le maillot français s'accompagne de la plus haute distinction individuelle. En fin de compte, Raphaël Varane n'est que septième, Antoine Griezmann troisième, juste derrière Cristiano Ronaldo. Kylian, à seulement 19 ans, échoue au pied du podium, mais il ne repart pas les mains vides : il décroche le tout nouveau trophée Kopa. Ce prix, qui porte le nom du Ballon d'or 1958, récompense le meilleur espoir mondial de moins de 21 ans.

La soirée parisienne s'achève sur une image qui fera la une de tous les quotidiens sportifs du continent : autour de Modrić, la Norvégienne de l'Olympique lyonnais Ada Hegerberg brandit le premier Ballon d'or féminin de l'histoire, tandis que Kylian Mbappé, tout fier, présente son trophée en forme d'arbre.

À la fin du gala, le gamin de Bondy se livre dans *France Football* : « Il y a des moments où je n'ai pas été déterminant. Et ce qui est bien, c'est que ça me montre tout ce qu'il me reste à faire pour remporter un prix comme celui-ci. Je dois travailler et garder la tête froide. Aucun défi n'est trop grand, il faut se donner les moyens. » Au sujet de Modrić, il déclare : « C'est un exemple. Il montre que lorsqu'on privilégie le collectif, on peut être récompensé individuellement. »

Voilà des mois que Mbappé cherche à appliquer ses propres préceptes, et la saison s'annonce prometteuse. Un exemple ? Le 7 octobre 2018, le PSG, invaincu depuis le début du championnat, reçoit l'OL pour l'affiche de la 9e journée de Ligue 1. Dès le coup d'envoi, les hommes de Thomas Tuchel subissent le pressing haut des Gones, mais après seulement 7 minutes de jeu, Nabil Fekir, capitaine des Lyonnais, doit quitter la pelouse après un tacle trop appuyé de Thiago Silva. Mbappé profite d'un instant de flottement dans l'équipe adverse pour galoper vers les cages d'Anthony Lopes, où il est séché par le gardien portugais. Penalty. Aux 11 mètres, Neymar ne tremble pas et ouvre le score. La fin de première période est marquée par les exclusions successives de Presnel Kimpembe d'un côté et Lucas Tousart de l'autre, et les deux équipes rentrent aux vestiaires à 10 contre 10 et 1-0 pour Paris. Moins de dix minutes après la reprise, Mbappé récupère un ballon dans la surface et frappe en force : poteau gauche, poteau droit et c'est au fond, comme au flipper. L'attaquant se frotte le maillot, comme pour le dépoussiérer, car oui, en célébrant avec ses partenaires, Kylian se réconcilie avec les buts et marque son retour au premier plan. Cinq minutes plus tard, Verratti sert Marquinhos qui centre fort devant les buts : Mbappé n'a plus qu'à pousser au fond des filets. Un doublé, puis un triplé : Neymar lance son compère dans la profondeur, et le jeune prodige distance la défense lyonnaise pour se présenter seul face à Lopes. Sa frappe est imparable, 4-0. La cerise sur le gâteau arrive à la 74e minute. Meunier et Neymar voient leurs tirs contrés dans la surface avant que le ballon ne soit aimanté vers les pieds de Mbappé, au point de penalty. Son tir file entre les jambes d'un défenseur. Score final : 5-0, dont quatre buts en treize minutes pour le numéro 7 du PSG qui signe son premier quadruplé en championnat de France. Pour Kylian, la Ligue 1 est comme une cour de récré où les enfants s'amusent à tâter le cuir; mais la sélection nationale est autrement plus exigeante.

La lune de miel du Mondial est terminée, et l'heure est venue de remettre les pieds sur terre. Or, l'atterrissage se fait rarement en douceur et les accidents de parcours ne sont jamais très loin. C'est ce que vont vivre les Bleus en Ligue des nations de l'UEFA. Le 16 novembre, au stade De Kuip du Feyenoord, les Français s'inclinent 2-0 contre les Pays-Bas. C'est leur première défaite post-Mondial, et le score aurait pu être bien plus lourd sans un Hugo Lloris des grands soirs. « La fête est finie », titre *Le Parisien*, « Retour sur terre », indique *L'Équipe*. Ce 2-0 prive la France d'une place dans le Final Four de la toute nouvelle compétition continentale. Mise sur pied par l'UEFA, la Ligue des nations a pour objectif de relancer l'intérêt du public pour les matchs internationaux lors des années impaires, sans Coupe du monde ni championnat d'Europe, mais aussi de permettre aux stars du ballon rond d'étoffer leur palmarès. Et aux sélections ainsi qu'à l'UEFA d'augmenter leurs bénéfices.

Le 23 janvier 2019, le PSG accueille Strasbourg en 16es de finale de Coupe de France. Neymar régale le public avec ses pirouettes et ses provocations, mais les *sombreritos* et les *bicicletas* ne sont pas du goût des défenseurs adverses. À la 57e minute, « Ney » se tord de douleur, se plaint de son ancienne fracture au cinquième métatarse et demande le changement. Il restera éloigné des terrains plus de quatre-vingts jours. Le 9 février, pour la rencontre de championnat contre Bordeaux, c'est Edinson Cavani qui se blesse : le buteur uruguayen souffre d'un claquage tendineux. Les deux tiers du trident offensif parisien sont sur la touche. Heureusement, Mbappé s'occupe de rassurer les supporters et démontre aux plus sceptiques qu'il a les épaules pour prendre la relève. Son entraîneur ne tarit d'ailleurs pas d'éloges : « Tous les jours à l'entraînement, il veut marquer, marquer et encore marquer. C'est un joueur spécial. » En l'absence de ses compères, « Kyky » porte seul l'attaque parisienne : depuis la blessure de Neymar jusqu'à début mars, il inscrit onze buts en quatorze matchs, dont sept en cinq rencontres en l'absence du Matador. Mbappé est déjà un pilier majeur du projet de Nasser Al-Khelaïfi. Le 2 mars, contre Caen, il offre la victoire aux siens presque à lui tout seul, avec deux buts dans un match où Paris a été mené et malmené par les Normands. La performance du numéro 7 vaut non seulement trois points au classement, mais prive aussi les Caennais d'un bon dîner. Leur entraîneur Rolland Courbis leur avait en effet promis un resto si ses poulains parvenaient à museler l'attaquant français. Raté.

Chaque jour qui passe rend le talent de Kylian de plus en plus indéniable. « C'est un futur Ballon d'or. Il a la puissance, la technique et la vitesse », dit de lui Fabio Capello, ancien entraîneur du Milan, du Real Madrid et de la sélection anglaise interviewé à la télévision italienne. « Aujourd'hui, il joue en pointe et enchaîne les buts. Il est tellement rapide que c'est presque impossible pour les défenseurs de l'arrêter. Oui, pour moi, Mbappé est l'avenir du foot. »

Toutefois, pour briller, il faut se frotter aux meilleurs. C'est une ritournelle qu'Al-Khelaïfi ne connaît que trop bien, et c'est pourquoi il ne vise rien de moins qu'un sacre en Ligue des champions pour son projet parisien. Et, surtout, l'envie de se débarrasser une bonne fois pour toutes de cette malédiction des huitièmes de finale. Certes, Neymar et Cavani sont forfaits, mais la forme étincelante de Mbappé donne de l'espoir avant le déplacement à Manchester United. Old Trafford, le « théâtre des rêves », fait justice à son nom : les Parisiens décrochent le premier succès d'un club français sur la pelouse des Red Devils, par deux buts d'écart qui plus est. Ce huitième de finale aller, le 12 février 2019, est un bel exemple de domination. Dans les rangs du PSG, personne ne regrette les absences des deux attaquants sud-américains. Dès la première minute, le lauréat du trophée Kopa se lance à l'assaut des cages de De Gea. À la 52e, un coup de casque de Mbappé oblige le portier espagnol à sortir une parade miraculeuse. Sur le corner qui suit, Ángel Di María expédie un centre au deuxième poteau vers « maestro » Kimpembe qui catapulte le ballon au fond des filets. En face, la triplette Rashford-Martial-Pogba sur laquelle comptaient les

Red Devils ne fonctionne pas. Du moins, elle ne carbure pas autant que Mbappé qui, sept minutes après l'ouverture du score, alourdit la marque. Le but du break arrive par le côté gauche : à l'entrée de la surface, Di María adresse un centre tendu vers son attaquant qui se faufile entre deux défenseurs et dévie le ballon dans les buts. Sous le regard attentif de sir Alex Ferguson et de David Beckham, le PSG repart d'Old Trafford avec une victoire capitale pour continuer à rêver plus grand.

Le résultat obtenu à Manchester génère une grande confiance, mais la fameuse « remontada » du Barça au Camp Nou, deux ans plus tôt, est encore dans toutes les mémoires. À tel point que la veille du match retour contre les Anglais, le 6 mars, Thomas Tuchel évoque ce désastre et prévient : « Attention, ce qui s'est produit une fois peut se reproduire. » Le coach voulait éviter que l'histoire se répète, et pourtant, le rêve européen du PSG se transforme en cauchemar, une fois de plus. Un cauchemar record, qui plus est : jamais aucune équipe n'avait été éliminée de la Ligue des champions après une victoire par deux buts d'écart à l'extérieur. La défaite est d'autant plus amère que United se présente au Parc des Princes sans Paul Pogba ni Anthony Martial. Ole Gunnar Solskjær aligne un onze rajeuni, avec de nombreux jeunes sans expérience, tandis que le PSG retrouve Edinson Cavani. Les hommes de Tuchel confisquent le ballon, mais l'état de grâce dont ils avaient bénéficié à Old Trafford semble avoir définitivement changé de camp. Et les errements défensifs ne pardonnent pas. Deuxième minute de jeu : passe en retrait mal assurée de Thilo Kehrer vers Thiago

Silva, Romelu Lukaku en profite, dribble Gianluigi Buffon et réduit déjà l'écart. La réaction du PSG ne se fait pas attendre et, onze minutes plus tard, Juan Bernat égalise sur un service de Mbappé. Mais Lukaku est dans un grand soir. Rashford tente sa chance de loin, Buffon ne parvient pas à capter le ballon et le buteur belge, à l'affût, redonne l'avantage aux Mancuniens. Après une demi-heure de jeu, Manchester mène 2-1. En seconde période, Rashford termine le travail en transformant un penalty concédé par Kimpembe, pour une main dans la surface. Le match se termine sur le score de 1-3 et Paris est éliminé de la Ligue des champions dès les huitièmes de finale pour la troisième année de suite.

Le 21 avril 2019, avec un maillot en hommage à Notre-Dame de Paris ravagée par un incendie, le PSG s'octroie son huitième titre de champion de France sur sa pelouse, son sixième de l'ère qatarie. Même si le trophée est assuré après le nul entre Lille et Toulouse, les joueurs tiennent à marquer le coup avec une belle prestation et une victoire pour mettre fin à une série de résultats négatifs (un nul 2-2 contre Strasbourg, une lourde défaite 5-1 contre Lille et un autre revers 3-2 contre Nantes) qui a retardé le sacre annoncé de la troupe de Tuchel. Ainsi, ce 21 avril, le public profite d'un match enlevé, agréable, marqué par les retrouvailles sur le terrain de Neymar et Cavani. Mbappé célèbre à sa manière. Contre l'AS Monaco, le club qui l'a lancé en Ligue 1, il décide de faire les choses en grand. Il glisse trois buts dans la musette du pauvre Danijel Subašić, le portier croate des Monégasques. Le premier arrive au quart d'heure de jeu : Moussa Diaby attend l'accélération du Bondynois et centre pour que le numéro 7 n'ait plus qu'à pousser le ballon au fond. Sérieux, Mbappé lève les mains devant les tribunes du Louis-II en signe d'excuse pour ses premiers supporters. Il ajoutera néanmoins deux autres réalisations et terminera la partie tout sourire, saluant les caméras et fêtant son triplé. Grâce à cette prestation XXL, Mbappé devient le plus jeune joueur de l'histoire de L1 à dépasser les trente buts en une saison.

Six jours plus tard, le PSG dispute la finale de Coupe de France contre Rennes. Le résultat fait peu de doutes : les Bretons n'ont plus rien gagné depuis 1971 et ont perdu plusieurs finales. Les Parisiens, au contraire, comptent douze titres dans la compétition, dont quatre de suite depuis 2015. Difficile d'imaginer un résultat autre qu'une victoire parisienne. Et pourtant, l'impossible devient réalité. Le PSG cède aux tirs au but après un nul 2-2 dans le temps réglementaire. « C'est difficile à expliquer », admet Tuchel en conférence de presse. Difficile, parce que le Paris Saint-Germain est une équipe constellée d'étoiles et pensait avoir plié le match dès la 30e minute. À la 13e, Dani Alves avait ouvert le score d'une reprise de volée incroyable. Et Neymar avait étalé toute sa classe d'un magnifique ballon piqué pour lober le portier rennais et doubler la mise. Mais la machine se dérègle peu avant la pause, quand Kimpembe dévie le ballon dans ses propres filets. L'égalisation arrive à la 66e minute, par Mexer. Dès lors, le PSG n'arrive plus à inquiéter Rennes, et Mbappé manque de réussite. Il trouve d'abord le poteau droit, à la 98e minute, puis le genou de Damien Da Silva, à la 119e, ce qui lui vaut une expulsion directe et trois matchs de suspension. Neymar pète les plombs à son tour pendant la cérémonie de remise des prix et frappe un supporter. Même sanction que Kylian.

La défaite en finale de Coupe de France est la dernière désillusion en date d'une saison frustrante. En janvier déjà, en Coupe de la Ligue, Paris s'était incliné 2-1 contre Guingamp en quarts de finale. Sans oublier la piteuse élimination en Ligue des champions, bien sûr. Toutefois, Mbappé a réussi une saison pleine : trente-trois buts en Ligue 1, deuxième meilleur buteur européen derrière Lionel Messi (trente-six buts). Dommage que sa suspension l'empêche de dépasser l'Argentin et de s'attribuer le Soulier d'or. Dans tous les cas, ses statistiques sont impressionnantes. Il devient au passage le plus jeune meilleur buteur de Ligue 1 depuis les vingt buts de Karim Benzema en 2007-2008 et le premier Français à dépasser les trente buts en une saison depuis les trente-six réalisations de Philippe Gondet pour le FC Nantes en 1965-1966.

Au gala de l'UNFP, Kylian est le premier joueur à être sacré à la fois Meilleur espoir et Meilleur joueur du championnat. Une occasion qu'il ne laisse pas passer pour faire part de ses états d'âme. Devant les médias, il déclare être à un moment décisif de sa carrière et se sent prêt à assumer plus de responsabilités, sans toutefois préciser si ce sera à Paris ou ailleurs. Ses déclarations mettent la presse internationale en émoi, tout le monde s'attend à un éventuel transfert chez l'un des géants d'Europe. Certains médias l'envoient déjà au Real Madrid : le jeune prodige serait parfait pour le projet galactique de

Florentino Pérez et Zidane. Mais le prix à payer, 280 millions d'euros selon *L'Équipe*, est trop élevé. Et même si les supporters madrilènes scandent le nom de Kylian lors de la présentation de la nouvelle recrue Eden Hazard au Bernabéu, le transfert ne se fait pas. Le président parisien lui-même se charge de balayer tous les doutes. Dans les pages de *France Football*, Nasser Al-Khelaïfi déclare : « Mbappé restera à 200 % au PSG la saison prochaine. » En échange, Kylian exige de jouer un rôle de premier plan, à être traité avec les égards qui siéent à son statut et à ne pas rester dans l'ombre d'un Neymar systématiquement absent dans les moments clés de ces deux dernières saisons. Les divergences entre la star de l'équipe et sa direction sont sur toutes les lèvres quand *Marca* annonce que Mbappé, sous contrat jusqu'en 2023, n'aurait pas l'intention de prolonger. Autrement dit, la porte reste entrouverte. Qui vivra verra…

21
Saison inachevée

Kylian est toujours au Paris SG lorsqu'il souffle ses vingt et une bougies. Ce 20 décembre 2019, il est même plus francilien que jamais ! La ville de Bondy vient de lui réserver un cadeau à la « démesure » de son talent : il s'affiche pour la troisième fois sur la façade de la résidence des Potagers qui surplombe l'autoroute A3 [1]. Sur la nouvelle fresque, qui couvre l'intégralité de la barre d'immeuble de dix étages, le champion local est représenté enfant, tenue verte de l'AS Bondy sur le dos, rêvant dans son lit à ses futurs exploits en équipe de France. L'œuvre sponsorisée par l'équipementier Nike s'inscrit dans le cadre du lancement de sa nouvelle marque de vêtements et de chaussures de football

1. Après la fameuse « Bondy, ville de tous les possibles » affichée en 2017, une nouvelle fresque avait vu le jour en pleine Coupe du monde 2018. Kylian y était représenté sur un drapeau bleu-blanc-rouge avec le message : « '98 a été une grande année pour le football français. Kylian est né. »

baptisée « Bondy Dreams ». La gigantesque peinture est accompagnée du slogan « Aime ton rêve et il t'aimera en retour ».

Justement, Kylian a encore des rêves plein la tête avec les Bleus : il compte briller du 12 juin au 12 juillet à l'Euro 2020 et – pourquoi pas ? – enchaîner au mois d'août avec les Jeux olympiques de Tokyo. Mais avant toute chose, il reste obnubilé par la quête d'un premier sacre en Ligue des champions.

La veille de son anniversaire, il a inauguré sa nouvelle coupe de cheveux peroxydée par un but et une passe décisive face au Mans FC lors des huitièmes de finale de la Coupe de la Ligue. Quatre jours plus tard, il a été sacré pour la deuxième fois consécutive par *France Football* « Joueur français de l'année » devant Karim Benzema et Antoine Griezmann. Un trophée qui est venu atténuer la déception de sa sixième place, début décembre, au Ballon d'or 2019[2] et d'une première partie de saison marquée par des problèmes physiques.

Le 25 août 2019, lors de la 3e journée de Ligue 1, le numéro 7 doit en effet céder sa place à la 66e minute de jeu face à Toulouse. Il est victime d'une déchirure à la cuisse gauche. Une blessure musculaire qui le tiendra éloigné des terrains pendant plus d'un mois et viendra remettre sur le tapis la gestion de son intersaison où, une fois encore, l'attaquant français n'a pas eu le temps de souffler. Au mois de juin, il

2. Il rétrograde de deux places par rapport au classement 2018, même s'il est classé pour la première fois Meilleur Français. Il est devancé par Lionel Messi, Virgil van Dijk, Cristiano Ronaldo, Sadio Mané et Mohamed Salah.

s'était rendu pendant quatre jours aux États-Unis, avec un représentant du PSG, pour développer son image internationale. Durant ce périple mené à cent à l'heure sur la côte ouest, il a visité le siège de Nike à Beaverton dans l'Oregon, s'est essayé au base-ball avant la rencontre entre les Dodgers de Los Angeles et les Cubs de Chicago, a assisté au sacre des Toronto Raptors lors du dernier match de la finale NBA et a offert un grand cru de vin bordelais à la star des Lakers, LeBron James. Sa tournée promotionnelle s'est ensuite poursuivie de l'autre côté du Pacifique, au Japon, pour l'officialisation d'un partenariat avec Bulk, une marque nippone spécialisée dans les soins pour hommes[3].

Au vu de ce calendrier démentiel, Kylian espérait bénéficier d'une semaine de repos supplémentaire, mais les dirigeants du Paris Saint-Germain ont refusé de lui accorder ce passe-droit. Il a donc repris, comme les autres, le 8 juillet 2019, après seulement deux semaines de vacances effectives et a enchaîné avec un déplacement début août en Chine, couronné par son premier but de la saison lors du succès 2-1 sur le Stade Rennais dans un Trophée des champions délocalisé à Shenzhen.

Cette première blessure musculaire provoquera la colère du clan Mbappé, convaincu que ce coup d'arrêt est la conséquence d'un manque de repos. Ses proches seront tout autant remontés contre les dirigeants du « club de la capitale » lorsqu'il rechutera dès le deuxième match suivant sa reprise. Après vingt-neuf minutes contre Galatasaray en Ligue des

3. Kylian était déjà en contrat avec Nike, Hublot et Good Goût.

champions, l'attaquant se retrouve à nouveau sur le flanc, cette fois pour trois semaines.

Pourtant, à l'automne, les relations vont finir par s'apaiser avec le retour en forme du champion du monde. Dans le championnat de France, Kylian marque à quatorze reprises jusqu'à fin février. Il est également décisif en coupes nationales (six buts et cinq passes décisives) avec un triplé lors d'une démonstration en demi-finale de Coupe de France contre l'Olympique lyonnais (1-5).

Le numéro 7 fait surtout des éclats en Ligue des champions. Le 22 octobre 2019, il est insaisissable au Jan-Breydel Stadion pour la troisième journée dans le groupe A face au Club Bruges : sorti du banc à la 52e minute, il trouve le moyen de marquer trois fois et de donner une balle de but à Mauro Icardi en seulement trente et une minutes passées sur le terrain. Malgré une alerte aux adducteurs en novembre, le prodige de Bondy renouvelle sa performance, le 5 décembre au Parc des Princes, lors d'une nouvelle victoire 5-0 sur Galatasaray pour la 6e et dernière journée de la phase de poules : cette fois, il ne marque qu'une fois (sur une offrande de Neymar), mais confirme son sens du collectif en délivrant trois passes décisives à Icardi, Pablo Sarabia et Edinson Cavani.

Après un court séjour au centre médical Aspetar à Doha durant la trêve hivernale, Kylian est fin prêt pour aborder le sprint final… Le 18 février 2020, son équipe est pourtant bousculée lors du huitième de finale aller de Ligue des champions : face au « mur jaune » du Signal Iduna Park, les champions de France s'inclinent 2-1 contre le Borussia Dortmund.

Malgré une passe décisive pour Neymar, le prodige français a perdu son duel à distance avec le nouveau buteur du club allemand, Erling Haaland, transféré en janvier du RB Salzbourg. L'attaquant norvégien, de deux ans son cadet, a signé les deux buts du BVB et sa prestation tout en puissance a complètement éclipsé les stars parisiennes.

Le PSG se retrouve quasiment « sans filet » au moment d'aborder le huitième de finale retour au Parc des Princes. Les joueurs de Thomas Tuchel vont devoir bousculer un solide adversaire et surtout passer outre le contexte… Le 11 mars 2019, la seconde manche se joue dans un stade vide !

L'épidémie de Covid-19, démarrée en décembre en Chine, touche à présent de nombreux pays d'Europe. Pour contenir la propagation du virus, l'UEFA a décidé de poursuivre la compétition à huis clos. Dans cette ambiance surréaliste, le PSG fait quand même le « job » en inscrivant deux buts par Neymar et Juan Bernat (2-0). Victime d'une angine, Kylian n'a participé qu'aux trente dernières minutes de la rencontre. Le PSG est en quarts de finale de la Ligue des champions. Mais, quelques jours plus tard, le rideau se referme pour plusieurs mois.

La situation sanitaire s'est encore dégradée. L'Europe est devenue le nouveau foyer central de l'épidémie. La France est l'un des pays les plus touchés avec l'Espagne et l'Italie où les morts se comptent désormais par milliers. Le 17 mars 2020, le président français, Emmanuel Macron, décrète le confinement. Depuis quelques jours, le sport est à l'arrêt : les championnats européens sont suspendus, la Ligue des champions est mise en pause et l'Euro 2020 et les Jeux olympiques de Tokyo sont reportés d'un an. Comme le reste de la planète, Kylian Mbappé est contraint de mettre ses rêves entre parenthèses et de se réfugier dans sa bulle.

Comment l'attaquant français vit-il les deux mois de confinement ? Loin de la tour Eiffel et des Champs-Élysées, puisqu'il quitte rapidement son appartement parisien pour s'installer avec ses proches dans une maison du sud de la France. L'international a choisi une propriété qui dispose d'un terrain de football pour qu'il puisse se maintenir en forme et aligner les séances avec Ethan et Jirès Kembo Ekoko. Durant cette longue période, il reste discret dans sa communication. Plusieurs de ses proches auraient été affectés par le coronavirus. Il participe d'ailleurs à la lutte en soutenant le personnel hospitalier et en signant plusieurs chèques, dont un « très gros don » à la fondation Abbé-Pierre.

Le 29 avril 2020, il est enfin de retour sur les réseaux sociaux pour célébrer son quatrième titre de champion de France, le troisième d'affilée avec le PSG. À la demande du gouvernement, la Ligue professionnelle de football a sonné la fin de l'exercice. Alors que la compétition est appelée à reprendre dans la plupart des autres pays européens, le classement de la Ligue 1 est entériné à l'issue de la 28e journée. Le Paris Saint-Germain est sacré avec douze points d'avance sur l'Olympique de Marseille. Kylian termine meilleur buteur de la saison pour la deuxième année d'affilée (dix-huit réalisations et sept passes décisives en vingt matchs).

La saison 2019-2020 n'est pourtant pas tout à fait terminée… Le PSG a encore deux finales de coupes nationales à disputer et surtout la Ligue des champions à achever sous la forme d'un tournoi qui réunira les huit équipes quarts de finaliste, au mois d'août à Lisbonne.

Le 24 juillet 2020, Kylian retrouve ainsi la compétition lors de la finale de la Coupe de France. Il vise un premier « grand chelem » dans l'Hexagone (Trophée des champions, championnat et coupes nationales). Le contrat est rempli : son équipe dispose devant 5000 spectateurs de l'AS Saint-Étienne 1-0 avant d'écarter, une semaine plus tard, l'Olympique lyonnais, aux tirs au but (0-0, 6-5 aux tirs au but), en finale de la Coupe de la Ligue, cette fois.

Ce second rendez-vous au Stade de France s'est pourtant joué sans lui. Le numéro 7 a été sévèrement touché à la cheville contre Saint-Étienne. Le diagnostic évoque « une lésion importante du compartiment latéral externe ». Sa participation au « Final 8 » de la Ligue des champions est fortement compromise. Le jeune Parisien ne peut retenir ses larmes. Mais, le lendemain, il s'est « lancé dans un délire tout seul » et se promet d'être de l'aventure au Portugal, trois semaines plus tard.

Le 12 août 2020, au stade de la Luz de Lisbonne, il a gagné son pari. Le numéro 7 entre en jeu, à la 72e minute, à la place de Pablo Sarabia. Un retour providentiel, car le PSG est au bord de l'élimination dans son quart de finale de Ligue des champions face à l'Atalanta Bergame. Les champions de France sont menés 1-0 depuis la 26e minute. L'entrée du Bondynois change instantanément la physionomie du match : sur le côté gauche, Kylian provoque, dribble, tente sa chance à plusieurs reprises. Paris reprend espoir même si les minutes défilent et les visages se crispent. Jusqu'à la 90e minute… C'est la tentative de la dernière chance, le remplaçant, Eric Choupo-Moting, centre de la droite en direction de Neymar. Dans la surface de réparation, le Brésilien remise le ballon devant la cage et Marquinhos surgit pour égaliser… 1-1 ! Le Paris SG est sauvé et totalement métamorphosé. Dans la minute suivante, Neymar utilise le magnifique appel de Kylian. L'ancien du Barça sert le jeune attaquant dans le dos de la défense italienne. L'international français a tout le temps de lever la tête et d'offrir la balle du 2-1 à Choupo-Moting, héros de cette qualification pour le dernier carré.

Après une demi-finale survolée face au RB Leipzig, Kylian s'est rapproché encore un peu plus de la « coupe aux grandes oreilles ». Le 18 août, lors du succès 3-0 sur les Allemands, il n'a pas été aussi tranchant, mais les fans pensent qu'il en a gardé sous le pied pour sa première finale de Ligue des champions à venir face au Bayern Munich. Les champions d'Allemagne ont été intraitables jusque-là, infligeant notamment un 8-2 en quarts de finale au FC Barcelone de Lionel Messi.

Le 23 août 2020, au Stadio de la Luz de Lisbonne, Kylian compose avec Neymar et Ángel Di María, le trio offensif du PSG. La défense du Bayern redoute sa pointe de vitesse et quatre joueurs l'entourent sur chacune de ses prises de balle. Cela ne l'empêche pas de faire quelques différences et de se créer une occasion en or en toute fin de première période : à la 45e minute, il réalise un superbe échange avec Ander Herrera et hérite d'un ballon aux six mètres, face à la cage de Manuel Neuer. Il a tout le temps de contrôler et d'ajuster le gardien allemand, mais, étrangement, il n'appuie pas assez sa frappe et le dernier rempart du Bayern Munich peut s'emparer aisément du ballon.

Kylian vient de gâcher la balle du 1-0. Celle qui aurait sûrement changé le cours du match. Et ce raté inhabituel du champion du monde donne l'occasion à un autre international français, Parisien de naissance, de revêtir à sa place la tenue de héros de cette finale. À la 59e minute, Kingsley Coman, formé au PSG, est à la réception au second poteau d'un centre de Kimmich. Le Français du Bayern Munich place une tête hors de portée de Keylor Navas. 1-0. Le seul but du match. Le PSG n'a cette fois pas les jambes pour revenir au score : à l'image de son numéro 7, les champions de France laissent passer une formidable opportunité de régner pour la première fois sur l'Europe.

« Déçu de ne pas conclure cette année avec la plus belle des récompenses, mais la vie est faite ainsi. On s'est battus de toutes nos forces. Félicitations au Bayern. Et un grand merci pour votre soutien. » Quelques heures après la finale de Lisbonne, Kylian se montre bon perdant en postant ce message accompagné d'une photo où il quitte la pelouse sans le moindre regard pour le trophée. Une manière pour lui de mettre un point final à une saison, vraiment pas comme les autres...

Remerciements

Remerciements pour leur témoignage et leur collaboration à Benjamin Adler, Athmane Airouche, Éric Assadourian, Marcus Bark, Ludovic Batelli, Abdel Belarbi, Oswald Binazon, Gérard Bonneau, Javier Caceres, Souleymane Camara, Irvin Cardona, Alain Caveglia, Damien Chédeville, Timothé Cognat, Jean-Pierre Dardant, Stefan Deppmeyer, Matthias Dersch, Reda Hammache, Margot Dumont, Jordy Gaspar, Patrice Girard, Laurent Glaize, Giovanni Grezzi, Yves Invernizzi, Bruno Irles, Idrisse, Karima, Yann Kitala, David Lasry, Olivier Lombard, Elisa Lukawski, Pierre Michaud, Andy Mitten, Fabien Pigalle, Gérard Prêcheur, Sophie Quéran, Elmire Ricles, Pierrot Ricles, Antonio Riccardi, Guy Rineau, James Robson, Stéphane Roche, Juan Valentin Romero, Nadine Schaaf, Nicolas Soussan, Jean-François Suner, Théo Suner, Julien Sokol, Sylvine Thomassin, Diego Torres, Guido Vaciago, Javier Villagarcía, Sébastien Vuagnat, Marc Westerloppe, Mamadou Yaté.

Merci à Benoît Bontout, Cédric Le Brun, Laure Merle d'Aubigné et Roberto Domínguez.

Merci à Elvira, Céline, Lorenzo, Mathieu, Olmo et Elisa pour leur soutien et leurs précieux conseils.

Enfin bonne lecture à Arthur, Jules, Juliette, Colin, Louis, Tom, Méline et Laure.

ANTOINE GRIEZMANN

LES 7 VIES DE GRIZI

Luca Caioli
Cyril Collot

L'HISTOIRE D'UN INCROYABLE PARCOURS

Passé au travers des mailles du filet de la formation française, Antoine Griezmann n'a jamais porté le maillot d'un club hexagonal. Jugé trop frêle, il a dû s'exiler en Espagne, à la Real Sociedad, pour accomplir son rêve de gamin et devenir footballeur professionnel.

Désormais star incontestée de l'Atlético de Madrid et fer de lance de l'équipe de France, le meilleur joueur de l'Euro 2016 incarne la nouvelle génération bleue. À 27 ans, il a remporté la Coupe du monde 2018 et la Ligue Europa la même année. En 2019 il s'offre le grand saut en rejoignant Lionel Messi au FC Barcelone. Et même si sa carrière est loin d'être terminée, son histoire et ses 7 vies méritent d'être contées.

ANTOINE GRIEZMANN
LUCA CAIOLI
& CYRIL COLLOT
LES 7 VIES
DE GRIZI
MARABOUT POCHE

PAUL POGBA

À TOUTE VITESSE

Luca Caioli
Cyril Collot

L'HISTOIRE D'UN INCROYABLE PARCOURS

Paul Pogba ne fait rien comme les autres. Sur un terrain, ses gestes de grande classe soulèvent les foules : dribbles venus de nulle part, transversales chirurgicales ou frappes tonitruantes, son répertoire est complet. Mais « Pogboom » se distingue aussi en coulisses. Depuis toujours ses transferts ont fait réagir : du Havre à Manchester United, puis de MU à la Juventus Turin sans parler de son retour dans le nord de l'Angleterre pour un montant historique en 2016.

Il a réussi une fantastique Coupe du monde 2018, prenant une grande part dans le succès des Bleus. Sur le terrain où il a éclairé le jeu et marqué en finale et dans le vestiaire où il s'est imposé comme un leader. À 25 ans seulement, « la Pioche » n'a pas fini de nous étonner.

LUCA CAIOLI
& CYRIL COLLOT
TOUTE VITESSE…
POGBA
CHAMPION
DU MONDE
MARABOUT

Pour l'éditeur, le principe est d'utiliser des papiers composés de fibres naturelles, renouvelables, recyclables et fabriquées à partir de bois issus de forêts qui adoptent un système d'aménagement durable.

En outre, l'éditeur attend de ses fournisseurs de papier qu'ils s'inscrivent dans une démarche de certification environnementale reconnue.

MARABOUT
s'engage pour l'environnement
en réduisant l'empreinte carbone
de ses livres.
Celle de cet exemplaire est de :
550 g éq. CO_2
Rendez-vous sur
www.marabout-durable.fr

PAPIER À BASE DE
FIBRES CERTIFIÉES

Couverture : Thierry Sestier
Traduction des textes en italien : Jean-François Gauvry
et Laurent Laget pour le chapitre 20
Photocomposition : Nord Compo

Imprimé en Italie par Grafica Veneta en mai 2021
pour le compte des éditions Hachette Livre (Marabout)
58, rue Jean-Bleuzen – 92178 Vanves Cedex
Dépôt légal : mai 2021
ISBN : 978-2-501-15758-2
4428770